KB200476

BKC 강해 주석 4
여호수아 · 사사기

The Bible Knowledge Commentary

BKC 강해주석 4

여호수아·사사기

지은이 | 도날드 캠벨, 드웨인 린지   옮긴이 | 장의성
개정2판 1쇄 발행 | 2011. 12. 19.

등록번호 | 제3-203호
등록된 곳 | 서울특별시 용산구 서빙고동 95번지
발행처 | 사단법인 두란노서원
영업부 | 2078-3333 FAX 080-749-3705
출판부 | 2078-3477

▌책 값은 뒤표지에 있습니다.
ISBN 978-89-531-1689-4 03230

▌독자의 의견을 기다립니다.
tpress@duranno.com   http://www.Duranno.com

▌이 책의 성경 본문은 개역개정판을 사용했습니다.

두란노서원은 바울 사도가 3차 전도여행 때 에베소에서 성령 받은 제자들을 따로
세워 하나님의 말씀으로 양육하던 장소입니다. 사도행전 19장 8~20절의 정신에
따라 첫째 목회자를 돕는 사역과 평신도를 훈련시키는 사역, 둘째 세계선교(TIM)와
문서선교(단행본 · 잡지) 사역, 셋째 예수문화 및 경배와 찬양 사역, 그리고 가정 · 상담 사역
등을 감당하고 있습니다. 1980년 12월 22일에 창립된 두란노서원은 주님 오실 때까지 이
사역들을 계속할 것입니다.

BKC 강해 주석 4

여호수아 · 사사기

도날드 캠벨, 드웨인 린지 지음 | 장의성 옮김

두란노

CONTENTS

사 사 기

וַיְהִי אַחֲרֵי מוֹת מֹשֶׁה

מֹשֶׁה עַבְדִּי מֵת וְעַתָּה קוּם עֲבֹר אֶת־הַיַּרְדֵּן הַזֶּה אַתָּה וְכָל־הָעָם הַזֶּה אֶל־הָאָרֶץ אֲשֶׁר אָנֹכִי נֹתֵן לָהֶם לִבְנֵי יִשְׂרָאֵל

כָּל־מָקוֹם אֲשֶׁר תִּדְרֹךְ כַּף־רַגְלְכֶם בּוֹ לָכֶם נְתַתִּיו כַּאֲשֶׁר דִּבַּרְתִּי אֶל־מֹשֶׁה

מֵהַמִּדְבָּר וְהַלְּבָנוֹן הַזֶּה וְעַד־הַנָּהָר הַגָּדוֹל נְהַר־פְּרָת כֹּל אֶרֶץ הַחִתִּים וְעַד־הַיָּם הַגָּדוֹל מְבוֹא הַשָּׁמֶשׁ יִהְיֶה גְּבוּלְכֶם

לֹא־יִתְיַצֵּב אִישׁ לְפָנֶיךָ כֹּל יְמֵי חַיֶּיךָ כַּאֲשֶׁר הָיִיתִי עִם־מֹשֶׁה אֶהְיֶה עִמָּךְ לֹא אַרְפְּךָ וְלֹא אֶעֶזְבֶךָּ

חֲזַק וֶאֱמָץ כִּי אַתָּה תַּנְחִיל אֶת־הָעָם הַזֶּה אֶת־הָאָרֶץ אֲשֶׁר־נִשְׁבַּעְתִּי לַאֲבוֹתָם לָתֵת לָהֶם

רַק חֲזַק וֶאֱמַץ מְאֹד לִשְׁמֹר לַעֲשׂוֹת כְּכָל־הַתּוֹרָה אֲשֶׁר צִוְּךָ מֹשֶׁה עַבְדִּי אַל־תָּסוּר מִמֶּנּוּ יָמִין וּשְׂמֹאול לְמַעַן תַּשְׂכִּיל בְּכֹל אֲשֶׁר תֵּלֵךְ

לֹא־יָמוּשׁ סֵפֶר הַתּוֹרָה הַזֶּה מִפִּיךָ וְהָגִיתָ בּוֹ יוֹמָם וָלַיְלָה לְמַעַן תִּשְׁמֹר לַעֲשׂוֹת כְּכָל־הַכָּתוּב בּוֹ כִּי־אָז תַּצְלִיחַ אֶת־דְּרָכֶךָ וְאָז תַּשְׂכִּיל

הֲלוֹא צִוִּיתִיךָ חֲזַק וֶאֱמָץ אַל־תַּעֲרֹץ וְאַל־תֵּחָת כִּי עִמְּךָ יְהוָה אֱלֹהֶיךָ בְּכֹל אֲשֶׁר תֵּלֵךְ פ

וַיְצַו יְהוֹשֻׁעַ אֶת־שֹׁטְרֵי הָעָם לֵאמֹר

The Bible Knowledge Commentary 4

Joshua

서론

The Bible Knowledge
Commentary

서론

이 책의 명칭

'여호수아'는 이 책의 주요 인물로 그 이름의 뜻은 "야웨께서 구원하신다" 혹은 "야웨는 구원이시다"이다. 그러므로 이 책의 명칭은 하나님께서 여호수아를 사용하여 하신 일이 무엇인지를 잘 표현해 주고 있다. 즉, 하나님께서 가나안을 정복하고 약속의 땅을 이스라엘 백성에게 나누어 주신 구원의 사건을 기록하고 있는 것이다.

정경 안에서의 위치

성경에서 여호수아서는 12역사서(수~에)의 제일 처음에 나온다. 이것은 구약 성경의 헬라어 번역본인 70인역(Septuagint)의 순서를 따른 것으로, 70인역에서는 구약 성경이 오경(창~신), 역사서(수~에), 시가서(욥~아), 예언서(사~말)로 나누어져 있다. 그러나 히브리어 성경에서는 그 구분이 다르다. 히브리어 성경에서는 율법서, 예언서, 성문서(聖文書)로 나뉜다. 그러므로 히브리 성경에서 여호수아서는 두 번째 그룹인 예언서에 위치하게 된다.

예언서는 다시 '전기 예언서'(수~왕하: 룻기 제외)와 '후기 예언서'(사

~말: 애가와 다니엘 제외)로 나뉜다. 그리고 '성문서'는 시편, 욥기, 잠언, 아가, 룻기, 전도서, 애가, 에스더, 다니엘, 에스라, 느헤미야, 역대상·하의 순서로 되어 있다. 여호수아서가 왜 '예언서'에 위치하는지에 대해 학자들의 의견이 분분하다. 어떤 사람들은 여호수아가 선지자의 직분을 가졌기 때문이라고 하고, 또 다른 사람들은 역사서, 즉 '전기 예언서'가 선지자들에 의해 선포된 원리들을 보여 주기 때문이라고 말한다.

저자

성경은 여호수아서의 저자가 누구인지 밝히지 않고 있다. 많은 자유주의 신학자들은 여러 문서들이 편집된 것이라고 한다. 그러나 단 한 사람의 저자에 의해 통일성 있게 쓰였을 가능성이 더 크다(Gleason L. Archer, *A Survey of Old Testament Introduction*, Chicago: Moody Press, 1964, 252~253). 저자에 대한 논의를 위해 다음의 사실들을 유념해야 한다.

1. 어떤 증인이 책의 대부분을 기록했다(5장 1~6절에 '우리'가 나온

다. 그리고 여리고 성에 정탐꾼을 보내는 기사나 요단 강을 건너는 기사, 여리고 함락, 아이 성 전투 등에서도 '우리'가 나온다).

2. 내적인 증거에 따라(라합이 이 책이 기록된 시대에 살고 있었다는 점[6:25], 가나안의 도시들이 바알라, 기럇 아르바와 같이 고대(古代) 명칭으로 불린다는 점[15:9, 13], 두로가 아직 시돈을 정복하지 않았다는 점[13:4~6], 블레셋 사람들이 BC 1200년경처럼 이스라엘을 향해 국가적인 차원의 위협을 하지 않고 있다는 점 등) 저작 연대는 훨씬 초기일 것으로 생각된다.

3. 여호수아도 책의 일부분을 썼다(8:32; 24:26).

4. 이 책의 일부는 분명히 여호수아가 죽고 난 다음에 기록되었다(24:29~30-여호수아의 죽음에 대한 기록, 15:13~14-헤브론을 갈렙이 정복한 사건[삿 1:1, 10, 20에도 기록되어 있음], 15:15~19-옷니엘이 드빌을 정복한 일[삿 1:11~15에도 기록되어 있음], 19:47-단 지파가 레셈을 정복한 사건[삿 17~18장에도 기록되어 있음]).

이런 점들에 비추어, 많은 복음주의 신학자들은 여호수아서의 대부분을 여호수아 자신이 썼고 적은 부분만이 제사장 엘르아살과 그 아들 비느하스에 의해 보충되었으리라고 생각한다.

연대

어떤 증인에 의해 기록되었기 때문에(앞서 '저자' 문제에서 보았듯이) 여호수아서의 저작 연대는 사건이 일어난 연대와 매우 가깝다. 여호수아 인도 아래 있었던 가나안 정복의 연대에 대해서도 학자들 간에는 심각한 논란이 있다. 어떤 사람들은 BC 15세기로 잡으나 다른 사람들은 BC 13세기로 연대를 추정한다(좀 더 자세한 것은 출애굽기의 개론을 보라). 이 문제를 결정하는 열쇠가 되는 성경 구절은 열왕기상 6장 1절과 사사기 11장 26절이다. 열왕기상 6장 1절에 의하면, 이스라엘 사람들이 애굽에서 나온 지 480년 되었을 때가 솔로몬이 왕이 된 지 4년째 되는 해인 BC 966년이다. 이것은 출애굽의 연대를 BC 1446년으로 추정하게 한다. 그러므로 정복의 연대는 광야 방랑으로 40년이 늦어진 BC 1406년이라는 계산이 나온다.

사사기 11장 26절은 이것을 다시 입증해 준다. 입다는 가나안 정복 이후로부터 자신의 시대까지가 300년이라고 말한다. 입다 때부터 솔로몬 제4년까지를 140년으로 계산하면 전부 480년이 되며 이것은 열왕기상 6장 1절과 일치한다(광야 방랑 40년, 가나안 정복에서 입다 때까지 300년, 입다에서 솔로몬까지 140년을 모두 더하면 480년이 된다). 실제적인 정복까지는 7년이 걸렸으므로(참조, 수 14:10에 나오는 여호수아의 말) 가나안 땅은 아마 BC 1399년에 정복되었을 것이다. 그리고 여호수아서는 정복 직후에 완성되었을 것이다.

목적

여호수아서의 집필 목적은 족장들에게 주신 하나님의 약속이 역사적으로 성취되었음을 공식적으로 말해 주려는 것이다. 이스라엘 백성에게 가나안 땅을 주시겠다는 하나님의 약속은 거룩한 전쟁을 통해 실현된다. 여기서 '거룩한 전쟁'이란 침략과 방어에 있어서 정치적인 동기보다는 종교적인 의미를 지닌 전쟁을 가리킨다. 이것은 첫 부분인 1장 2~6절과 마지막 결론 부분인 21장 43절에서 모두 나타난다.

여호수아의 지도 아래 행해진 가나안 정복은 특별히 아브라함과의 언약에 근거한다. 하나님은 모든 민족을 다스리시지만, 또한 아브라함을 당신의 목적의 중심으로 삼으시고 아브라함의 씨를 통해 타락한 세계를 구원하시기로 작정하셨다. 하나님은 아브라함과 언약을 맺으시되 아브라함과 그의 후손들에게 무조건적으로 땅과 번영과 영적인 복을 주시기로 약속하셨다(창 12:2~3).

하나님은 그 후 이스라엘 백성에게 그 땅을 영원히 주시겠다고 말씀하셨다(창 13:15). 땅의 경계도 그 당시 아브라함에게 말씀하셨다(창 15:18~21). 후에 하나님은 그 약속된 땅의 정당한 상속자는 이삭과 그의 후손이라고 확인하셨다(창 17:19~21). 그러므로 여호수아서는 족장들에게 하신 하나님의 약속이 이스라엘이 가나안 땅을 차지함으로써 성취되었음을 기록하고 있다.

그 땅은 수세기 전 신실하신 하나님에 의해 이스라엘에게 주시기로 한 땅이다. 후에 나라를 빼앗긴 것은 하나님의 성품 때문이 아니라, 하나님의 복을 당연한 것으로 여기고 이웃 나라의 신들을 섬긴 이스라엘 백성의 배신 때문이다. 그리하여 그들은 하나님이 경고하셨던 징벌(신 28:15~68)을 받게 되었던 것이다. 그러나 약속에 따르면 이스라엘은 땅을 영원히 갖게 되어 있는데, 그것을 위해서는 메시아의 오심과 이스라엘의 구속을 기다려야 한다.

선지자 이사야에 의하면 메시아는 '두 번째 여호수아'인데, 그는 "땅을 회복할 것이며 포로 되었던 주민들을 되돌릴 것"이다(사 49:8).

바울은 출애굽 사건과 가나안 정복 사건을 그리스도인에게 하나의 모형으로서 중요한 의미를 지닌다고 가르쳤다(고전 10:1~11). '여호수아'("야웨는 구원하신다" 또는 "야웨는 구원이시다")란 이름의 헬라어 형태는 '예수이다. 여호수아가 이스라엘 백성을 이끌고 적들을 무찌르고 약속의 땅을 획득했듯이 예수께서도 그렇게 하셨다. 예수께서는 하나님의 백성을 약속의 안식으로 인도하셨다(히 4:8~9). 그리고 그들을 위해 끊임없이 중재 역할을 하시며(롬 8:34; 히 7:25) 그들로 하여금 대적을 물리치게 하신다(롬 8:37; 히 2:14~15).

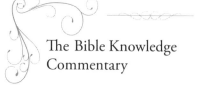

The Bible Knowledge
Commentary

개요

E. 이스라엘 자손을 성결케 함(5:1~12)

　　1. 할례를 실시함(5:1~9)

　　2. 유월절을 지킴(5:10)

　　3. 땅의 소산물을 먹음(5:11~12)

II. 가나안 정복(5:13~12:24)

A. 시작: 여호와의 군대 대장(5:13~15)

B. 중앙 전투(6~8장)

　　1. 여리고 정복(6장)

　　2. 아이 성 패배(7장)

　　3. 아이 성 승리(8장)

C. 남부 전투(9~10장)

　　1. 기브온 족속과의 동맹(9장)

　　2. 기브온 사람들을 보호함(10장)

D. 북부 전투(11:1~15)

　　1. 가나안 동맹군(11:1~5)

　　2. 전쟁(11:6~15)

E. 승리를 회고함(11:16~12:24)

   1. 정복한 지역들(11:16~23)

   2. 정복한 왕들(12장)

III. 가나안 분배(13~21장)

A. 르우벤, 갓, 므낫세 반(半) 지파의 몫(13장)

   1. 땅을 분배하라는 하나님의 명령(13:1~7)

   2. 동쪽 지파에게 준 땅(13:8~33)

B. 갈렙의 분깃(14장)

   1. 소개(13:1~5)

   2. 가데스 바네아에서의 갈렙(14:6~9)

   3. 광야 방랑과 가나안 정복 기간 동안의 갈렙(14:10~11)

   4. 헤브론에서의 갈렙(14:12~15)

C. 아홉 지파와 반(半) 지파의 몫(15:1~19:48)

   1. 유다 지파의 몫(15장)

   2. 요셉 지파의 몫(16~17장)

   3. 나머지 지파들의 몫(18:1~19:48)

D. 여호수아와 살인자, 그리고 레위인의 지역(19:49~21:45)
   1. 여호수아를 위한 특별한 영토(19:49~51)
   2. 도피성의 지정(20장)
   3. 레위인의 몫(21:1~42)
   4. 정복과 분배의 마무리(21:43~45)

Ⅳ. 결론(22~24장)
  A. 국경 분쟁(22장)
    1. 여호수아의 권면(22:1~8)
    2. 동쪽 지파들의 상징적인 행위(22:9~11)
    3. 전쟁의 위협(22:12~20)
    4. 동부 지파의 변호(22:21~29)
    5. 지파들의 화해(22:30~34)

  B. 여호수아의 임종(23:1~24:28)
    1. 지도자들을 향한 여호수아의 마지막 권면(23장)
    2. 여호수아가 백성에게 마지막으로 한 부탁(24:1~28)

  C. 부록(24:29~33)

וַיְהִי אַחֲרֵי מוֹת מֹשֶׁה

מֹשֶׁה עַבְדִּי מֵת וְעַתָּה קוּם עֲבֹר אֶת־הַיַּרְדֵּן הַזֶּה אַתָּה וְכָל־הָעָם הַזֶּה אֶל־הָאָרֶץ אֲשֶׁר אָנֹכִי נֹתֵן לָהֶם לִבְנֵי יִשְׂרָאֵל

כָּל־מָקוֹם אֲשֶׁר תִּדְרֹךְ כַּף־רַגְלְכֶם בּוֹ לָכֶם נְתַתִּיו כַּאֲשֶׁר דִּבַּרְתִּי אֶל־מֹשֶׁה

מֵהַמִּדְבָּר וְהַלְּבָנוֹן הַזֶּה וְעַד־הַנָּהָר הַגָּדוֹל נְהַר־פְּרָת כֹּל אֶרֶץ הַחִתִּים וְעַד־הַיָּם הַגָּדוֹל מְבוֹא הַשָּׁמֶשׁ יִהְיֶה גְּבוּלְכֶם

לֹא־יִתְיַצֵּב אִישׁ לְפָנֶיךָ כֹּל יְמֵי חַיֶּיךָ כַּאֲשֶׁר הָיִיתִי עִם־מֹשֶׁה אֶהְיֶה עִמָּךְ לֹא אַרְפְּךָ וְלֹא אֶעֶזְבֶךָּ

חֲזַק וֶאֱמָץ כִּי אַתָּה תַּנְחִיל אֶת־הָעָם הַזֶּה אֶת־הָאָרֶץ אֲשֶׁר־נִשְׁבַּעְתִּי לַאֲבוֹתָם לָתֵת לָהֶם

רַק חֲזַק וֶאֱמַץ מְאֹד לִשְׁמֹר לַעֲשׂוֹת כְּכָל־הַתּוֹרָה אֲשֶׁר צִוְּךָ מֹשֶׁה עַבְדִּי אַל־תָּסוּר מִמֶּנּוּ יָמִין וּשְׂמֹאול לְמַעַן תַּשְׂכִּיל בְּכֹל אֲשֶׁר תֵּלֵךְ

לֹא־יָמוּשׁ סֵפֶר הַתּוֹרָה הַזֶּה מִפִּיךָ וְהָגִיתָ בּוֹ יוֹמָם וָלַיְלָה לְמַעַן תִּשְׁמֹר לַעֲשׂוֹת כְּכָל־הַכָּתוּב בּוֹ כִּי־אָז תַּצְלִיחַ אֶת־דְּרָכֶךָ וְאָז תַּשְׂכִּיל

הֲלוֹא צִוִּיתִיךָ חֲזַק וֶאֱמָץ אַל־תַּעֲרֹץ וְאַל־תֵּחָת כִּי עִמְּךָ יְהוָה אֱלֹהֶיךָ בְּכֹל אֲשֶׁר תֵּלֵךְ פ

וַיְצַו יְהוֹשֻׁעַ אֶת־שֹׁטְרֵי הָעָם לֵאמֹר

The Bible Knowledge Commentary 4

Joshua

주해

The Bible Knowledge
Commentary

주해

Ⅰ. 가나안 침입(1:1~5:12)

A. 여호수아가 여호와로부터 받은 위임(1장)

1. 여호수아가 여호와께 지시를 들음(1:1~9)

1:1 여호와의 종 모세가 죽은 후에라는 구절로 여호수아서와 신명기가 연결된다(참조, 신 34:1~9). 모세가 죽기 전에 여호수아는 그의 후계자로 지명되었다(민 27:15~23; 신 3:21~22; 31:1~8). 여호수아는 수십 년 동안 모세를 섬기던 수종자였다(출 24:13; 33:11; 민 11:28). 여호수아는 에브라임 지파 출신으로(민 13:8) 110세까지 살았다(수 24:29).

여호수아는 요단 강을 눈앞에 두고 하나님의 음성을 듣기 위해 기다리면서 어떤 고독감을 느꼈을지도 모른다. 하나님의 종들은 하나님의 음성을 듣기 위해 시간을 내야 하며 하나님은 그때마다 언제나 음성을 들

려주신다. 오늘날에도 하나님은 기록된 말씀, 즉 성경을 통해 말씀하신다. 구약 성경에서 하나님은 밤에는 꿈으로, 낮에는 환상으로, 제사장을 통해, 그리고 때로는 귀에 들리는 음성으로 말씀해 주셨다.

1:2 여호수아에게 하나님이 무슨 방법으로 말씀하셨든지 그 내용은 분명했다. 하나님의 종 모세는 **죽었다**. 그럼에도 불구하고 흥미 있는 사실은 여호수아 1장에서만도 모세를 "여호와의 종"이라고 3번이나 부르고 있다는 것이다(1, 13, 15절. 참조, 출 14:31). 그리고 그 외에도 여호수아서에서 13번이나 나온다. 그런데 여호수아도 죽을 즈음에 "여호와의 종"이라고 불렸다(수 24:29). 모세는 죽었지만 하나님의 계획은 여전히 살아 있고, 그래서 이제 여호수아가 하나님의 계획을 성취시킬 주요 인물이 되었다. 하나님의 말씀은 명백했다. 여호수아는 즉각적으로 이스라엘 모든 백성에게 명령을 내려서 하나님이 이제 **그들에게 주시려고 하는 땅**을 향하여 요단을 건너게 했다.

어느 누구도 하나님께 가나안 땅을 이스라엘 자손에게 줄 권리가 있느냐고 물을 수 없다. 지구 전체가 하나님의 소유이기 때문이다. 시편 기자가 후에 주장했듯이, "땅과 거기에 충만한 것과 세계와 그 가운데 사는 자들은 다 여호와의 것"(시 24:1)이다.

1:3~4 비록 그 땅이 하나님께서 이스라엘에게 주신 선물이지만 그들이 그것을 빼앗아야만 했다. 즉, 여호와께서는 그들에게 **그 영토**의 소유권을 주셨지만, 그들이 **한 부분씩** 탈환해야만 그것들을 소유할 수 있었다. 하나님께서 이스라엘 백성에게 주신, 아브라함과(창 15:18~21) 모세에게(신 1:6~8) **약속된 땅**의 경계는 남쪽에 있는 광야에서 북쪽에 있는 레바논 산지까지와, 동쪽의 유브라데 강에서 서쪽에 있는 대해, 곧 지중해까지였다. 다른 표현으로는 **헷 족속의 땅**이라고도 하는데 이것은 아마 가나안의 북쪽에 거주하는 족속만이 아니라 가나안 땅에 사는 모든 족속을 가리킬 것이다. 고대에는 가나안 족속 일부나 전부를 종종 '헷 족속'(창 15:20)이라고 불렀다. 헷 족속은 가나안 여기저기에 산재해 있었다.

38년 전 여호수아는 12정탐꾼의 일원으로서 이 기름진 땅을 정탐한 적이 있었다(민 13:1~16. 여기서는[민 13:8] 여호수아를 '호세아'라는 다른 이름으로 부르고 있다). 그에게 그 땅의 풍요롭고 아름다운 광경에 대한 기억이 사라진 적은 없었다. 이제 그는 이스라엘의 군대를 이끌고 그 땅을 정복하려고 한다.

정복한 영토의 경계는 어느 정도일까? 여호수아 당시 실제적으로 정복한 영토는 창세기 15장 18절부터 21절에 약속된 것보다 다소 적었다. 다윗과 솔로몬 때에 가서야 영토가 최대한으로 확장되어 이스라엘의 손안에 들어왔다.

이스라엘 민족은 언제 완전히 그 땅을 소유할 수 있을까? 선지자들은 그리스도가 지상에 재림할 때 유대인들을 다시 모으고 그들을 통치하신다고 선포했다. 따라서 완전히 땅을 소유하기 위해서는 그날까지 기다려야 한다(렘 16:14~16; 암 9:11~15; 슥 8:4~8).

1:5 여호수아가 가나안 정복이라는 엄청난 과제에 직면하였을 때 그에게는 격려의 말씀이 필요했다. 여호수아는 가나안 족속들이 장대한 사람들이며 요새화된 성에 살고 있음을 직접 목격하여 알고 있었다(민 13:28~29). 빈번한 전투는 그들을 용사로 만들었다. 거기다 대부분의 땅이 산이기 때문에 전쟁을 수행하기에 곤란했다. 그러나 약속을 동반하는 명령이 하나님으로부터 내려졌다. 그래서 하나님의 도움에 기초하여 여호수아는 평생 동안 전쟁에서 승리할 것이 확실시되었다. 내가 너를 떠나지 아니하리라는 말씀은(수 1:5) "내가 너를 버리거나 포기하지 않겠다"는 말로 바꿀 수 있다.

1:6 하나님은 여호수아를 결코 낮추지 않겠다고 강력하게 확인시켜 주시고 이어서 세 번이나 용기를 가지라고 하셨다. 처음에 여호수아는 강하고 담대하라고 명령을 받았다(참조, 7, 9, 18절). 그것은 그 땅이 하나님이 약속하신 땅이기 때문이었다. 마음을 강하게 하고 담대하게 하는 것은 목전에 있는 전투를 위해 필요하거니와, 여호수아는 그 땅이 조상들에게 약속되었던 것이기에 이스라엘이 그 땅에 거주하는 일에 성공하리라는 사실을 무엇보다 염두에 두어야 했다. 즉, 그 땅은 아브라함에게(창 13:14~17; 15:18~21; 17:7~8; 22:16~18), 이삭에게(창 26:3~5), 그리고 야곱에게(창 28:13; 35:12) 약속된 땅이기 때문이었다. 이제 여호수아는 마침내 이 약속의 땅을 소유하기 위해 이스라엘 백성을 인도하려고 한다. 이스라엘 민족 역사의 결정적인 시기에 그는 얼마나 중요한 역할을 감당

했는가!

어느 세대에서나 이 위대하고 의미심장한 약속의 실현은 하나님을 향한 이스라엘의 순종에 달려 있었다. 이스라엘에게는 땅을 차지할 권리가 있다는 것을 성경이 분명히 확인해 준다. 비록 하나님과 올바른 관계에 있기 전까지는 이스라엘이 완전히 그 땅을 소유할 수 없겠지만 하나님의 약속에 의하면 그 땅은 이스라엘의 것이다.

1:7~8 두 번째로 여호수아는 다시 강하고 극히 담대하여 모세가 명령한 그 율법을 다 지켜 행하라는 명령을 받았다. 이 명령은 그의 말씀을 통해 역사하시는 하나님의 능력에 기초한다. 이것은 보다 강력한 권면으로 전쟁에서 승리하는 것보다 하나님의 말씀을 충실히, 그리고 완전히 지키는 것이 더 중요하다는 사실을 가르쳐 준다.

이 구절들에서 알 수 있는 것은 진리가 기록된 책이 분명히 있었다는 사실이다. 많은 학자들은 몇 세기 후까지도 기록된 성경은 나타나지 않았다고 주장하지만, 여기에는 엄연히 **율법책**이 언급되어 있다.

가나안 정복에서 **승리**하고 번영을 누리기 위해서 여호수아는 성경과 관련된 세 가지 일을 해야 했다. (1) 율법을 그의 입에서 떠나게 해서는 안 된다. 그는 율법에 관해 말해야 했다(신 6:7). (2) 그는 **밤낮으로 율법을 묵상해야 한다.** 율법에 관해 생각을 해야 했다(시 1:2; 119:97). (3) 그는 율법에 있는 모든 내용을 행동으로 옮겨야 했다. 그리고 그 명령을 행동으로 지켜야 했다(스 7:10; 약 1:22~25).

여호수아의 일생은 모세의 율법이 가르치는 것에 따라 실천하며 사는 것이었다. 그가 전쟁에서 승리하고 성공을 거둔 것은 이 사실로만 설명된다. 그가 죽기 전 그의 백성에게 고별 설교를 하는 중에, 그는 백성에게 하나님의 말씀에 복종하여 살라고 말했다(수 23:6). 불행히도 그들은 잠시 동안만 여기에 주의를 기울였을 뿐 그 후의 후손들은 하나님의 권위 있는 계시에 의해 인도되기를 거절했다. 그리고는 제멋대로 행동했다(삿 21:25). 의에 대한 객관적인 표준을 거절하고 윤리적 상대주의에 입각한 주관적인 기준을 채택했다. 이것이 다시 이스라엘 민족을 수세기 동안 종교적 배교와 윤리적 무질서로 이끌었다.

1:9 세 번째로 여호수아에게 주어진 강하고 담대하라는 말씀은 하나님 임재의 약속에 기초한다. 그렇다고 이것이 여호수아에게 주어진 과제를 축소시키지는 않았다. 그는 거인들과 요새화된 성들과 직면할 것이지만 하나님이 함께 하신다면 상황은 크게 달라질 것이다.

여호수아는 아마 약해지고 두려움을 느꼈을 때가 한두 번이 아니었을 것이다. 어쩌면 정복을 시작하기 전까지 포기를 고려했을지도 모른다. 그러나 하나님은 그의 개인적인 연약함과 두려움을 모두 아시기에 여호수아에게 세 번씩 강하고 담대하라고 말씀하셨다(수 1:6~7, 9. 참조, 18절). 하나님은 그에게 두려워하거나 **용기를 잃지 마라**고 권면하셨다(신 1:21; 31:8; 수 8:1). 이러한 확신들(하나님의 약속, 하나님의 능력, 하나님의 임재)은 여호수아의 평생 동안 지속되었다. 모든 시대의 신자들은 이와 똑같은 확신들을 가지고 살아갈 수 있다.

2. 여호수아가 백성의 관리들에게 명령함(1:10~15)

여호와께서 여호수아에게 말씀하셨다. 이제는 여호수아가 지체하지 않고 백성에게 말할 차례이다. 여호수아의 명령은 확실했다. 새로운 지도자는 확신에 차 있었다. 그러나 여호수아와 그의 백성이 처한 상황은 순탄하지 않았다. 사실상 그의 상황은 모세가 이스라엘 백성과 홍해 앞에서 부딪힌 상황과 흡사했다(출 14장). 그 상황은 모두 그 둘이 지도자로서 활동을 시작할 때 일어난 방해물이었다. 둘 다 자연적인 수단으로는 극복하기가 어려웠다. 둘 다 하나님의 기적적인 능력에 대한 무조건적인 신뢰와 절대적인 의지가 요구되었다.

1:10~11 두 가지 사실에 주의할 필요가 있다. 첫째는 양식을 예비했다는 것이다. 매일매일 내리는 만나가 아직 끊어지지 않았지만 백성은 모압 평지에서 양식을 모았다. 준비하는 과정은 **여호수아가** 백성의 관리들에게 명령을 내리면 관리들은 다시 백성에게 명령을 전달했다. 3일 안에 정복은 시작될 것이었다(참조, 2:22).

1:12~15 여호수아의 두 번째 지시는 르우벤, 갓, **므낫세 반 지파**에게 주어졌다. 그들은 이미 요단 **동편**에 자신들이 거주할 **땅**을 얻었지만, 여호수아는 그들에게 요단 서편을 정복하는 일에 형제들을 도와 함께 싸우라고 명령했다(민 32:16~32; 신 3:12~20). 여기서 중요한 단어는 기억하라는 것이다. 그들의 대답은 자기들이 약속했던 것을 잊지 않고 있으며 실행할 준비가 되어 있음을 보여 준다. 사실상 그들은 가나안을 공격하는 데 앞장섰다(14절, 너희의 형제보다 앞서 건너가서).

3. 여호수아가 백성의 지지를 얻음(1:16~18)

1:16~18 요단 동편의 두 지파와 반 지파는 열렬하게 응답했다. 이는 공

격을 준비하는 결정적인 순간에 있어서 모든 지파의 자세를 보여 준다. 백성이 하나가 되어 그를 지지해 주는 것만큼 새로운 지도자에게 힘이 되는 것이 어디 있겠는가! 충성과 순종의 서약(우리가 다 행할 것이요 … 우리가 가리이다)은 만일 누군가 불순종의 죄를 범하면 처벌받으리라는 것을 내포하는 엄숙한 선언이다. 백성은 오히려 여호수아에게 강하고 담대하소서라고 격려했다(참조, 1:6~7, 9).

그러나 거기에는 조건이 하나 있었다. 그들은 하나님이 그들을 인도하고 있다고 여호수아가 명백히 입증할 때 여호수아를 따르려고 했다는 것이다. 이것은 거짓 선지자나 "소경을 인도하는 소경"을 따르지 않기 위한 그들의 현명한 예방책이었다.

B. 여리고 정탐(2장)

여호수아는 가나안 땅에 보내진 12정탐꾼들 중 한 명이었다. 이제 그는 요단 건너편, 하나님이 약속하신 땅을 바라보면서 전투에서 승리하기 위해 필요한 정보를 입수하려고 했다. 그 전투는 첫 번째 전투였다.

1. 정탐꾼을 여리고에 보냄(2:1)

2:1 가나안 중앙 고지를 가는 길목에는 요단 계곡의 주요 성채인 여리고가 자리 잡고 있었다. 여호수아는 공격하기 전에 이 요새에 대한 완전한 정보들, 즉 성문, 망대, 군사력, 백성의 사기 등을 알고자 했다. 그래서 두

명의 정탐꾼이 조심스레 파견되었다. 가데스 바네아에서 그들의 조상이 했던 것처럼(민 13:1~14:4) 좋지 않은 보고로 마음이 흔들리지 않도록, 이스라엘 백성조차 모르게 정탐꾼이 파견되었다.

요단 동편에 있는 싯딤을 떠나 두 명의 정탐꾼은 범람하는 강을 건넜다(참조, 3:15). 그리고 여리고에 들어가서 사람들과 뒤섞여 거리를 돌아다녔다.

정탐꾼들이 어떻게 라합이라는 기생의 집에 가게 되었는지는 알 수 없다. 어떤 사람은 그들이 라합이 길을 걷고 있는 것을 보고 뒤따라갔다고도 하지만, 하나님의 섭리 가운데 그들이 그곳으로 인도되었다고 믿는 편이 더 나을 것이다. 하나님이 정탐꾼을 여리고에 보낸 것은 군사적인 정보를 얻는 것 이외에 더 큰 목적이 내포되어 있다. 거기에는 하나님이 이제 곧 임할 심판 가운데서 그의 은혜로 구원하려 하시는 죄 많은 여인이 있었다. 그래서 하나님은 이스라엘의 두 밀사를 가나안의 매춘부와 만나도록 하셨다.

요세푸스 시대로부터 지금까지 라합이 단지 여관 주인이었을 뿐이라는 식으로 그녀를 미화시키려는 시도가 있었으나, 신약 성경은 그녀가 부도덕한 여인이었음을 확인시켜 준다(히 11:31; 약 2:25). 이러한 시도는 하나님이 자신의 목적을 실현시키는 데 그런 부도덕한 사람을 사용할 수 있느냐는 하나님의 의(義)에 대한 의문에서 나오는 것이다. 그러나 이 사건을 통해 우리는 창기를 구원하시는 하나님의 자비와 은혜를 알게 된다(마 21:32; 눅 15:1; 19:10).

2. 라합이 정탐꾼을 보호함(2:2~7)

2:2~3 정탐꾼의 변장은 탄로가 났다. 요단 건너편에 이스라엘의 진지가 있다는 것을 알고 여리고 성 전체가 비상에 걸렸다. 누군가가 첩자들을 발견하고 라합의 **집**까지 뒤따른 후 재빨리 돌아가 왕에게 보고했다. 왕은 민첩하게 신하들을 라합에게 보내어 정탐꾼들을 체포하도록 했다. 동양의 관습에 따라 **라합**과 같은 여자의 사생활도 존중되었고 그녀의 집을 함부로 들어가 수색하는 일은 없었다.

2:4~6 라합 역시 두 방문객의 정체가 의심스러웠다. 그녀는 군사들이 자기 집으로 오고 있는 것을 보고 그 정탐꾼들을 **삼대** 밑에 데리고 가서 숨겼다. 삼대는 말리기 위해 **지붕**에 설치되어 있었다. 삼대는 추수 때 잘라 3~4주 동안 물에 적셔 놓은 후에 햇볕에 말려 삼베로 만들어 옷을 지었다.

라합은 지붕에서 급히 내려가 문을 열고 왕의 신하들을 맞아들였다. 그리고 낯선 두 명이 자기 집에 왔음을 순순히 인정했다. 그러나 그들이 누구이며 무엇을 하는 사람인지를 어떻게 알 수 있었겠느냐고 말했다. 그리고 "그 사람들이 **어두워 성문을 닫을 때**쯤 되어 나갔으니"라고 그녀는 거짓말을 했다. "급히 따라가라. 그리하면 **그들을 따라잡으리라**."

2:7 군사들은 라합의 말을 듣고 그녀의 집을 수색해 보지도 않고 급히 요단 나루터까지 **쫓아갔다.**

라합이 거짓으로 **정탐꾼들**을 숨긴 것은 옳지 못한 일일까? 거짓말이 용납될 때도 있는가?

혹자는 이것이 문화의 문제로써, 거짓말이 보편적으로 행해졌던 타락한 가나안 족속 가운데서 라합이 자라났기 때문이라고 말한다. 그녀는 아마도 자신의 행동에 악한 것이 없다고 보았을 것이다. 왜냐하면 만일 진실을 말했다면 정탐꾼들은 여리고의 왕에 의해 죽임을 당했을 것이기 때문이다.

그러나 이러한 논의는 쓸데없는 일이다. 라합이 진실을 말했다면 정탐꾼들이 죽임을 당했으리라는 주장은 하나님이 다른 방법으로 정탐꾼들을 보호하실 수 있었으리라는 가능성을 무시하는 것이 된다. 또 라합이 거짓말을 한 것을 용인하는 것은 하나님께서 죄를 인정하시는 셈이 된다. 바울은 그레데인들이 고질적인 거짓말쟁이라고 말한 어느 그레데의 선지자의 말을 인용하면서, "이 증언이 참되도다. 그러므로 네가 그들을 엄히 꾸짖으라 이는 그들로 하여금 믿음을 온전하게" 하기 위함이라고 했다(딛 1:13). 라합의 거짓말이 성경에 기록되어 있지만 그렇다고 해서 그것이 훌륭하다는 것은 아니다. 성경은 그녀의 거짓이 아니고 선행으로 나타난 믿음(히 11:31)을 칭찬한다(하지만 어떤 사람은 전쟁 중에는 속임수가 가능하다며 라합의 거짓말을 정당화하기도 한다).

3. 정탐꾼이 라합으로부터 정보를 입수함(2:8~11)

2:8~11 그 후 놀라운 대화가 전개된다. 왕의 신하가 간 후 라합은 **지붕**으로 올라갔다. 거기 있던 두 **정탐꾼**은 라합에게서 다음과 같은 신앙 고백을 듣게 된다. 첫째로, 그녀는 이스라엘의 하나님 **여호와**께서 가나안 땅을 이스라엘에게 주기로 하셨다는 사실을 자기가 믿는다고 밝혔다. 또한, 이스라엘 군대가 아직 요단 강을 건너지 않았음에도 라합은 "전쟁이

승리로 끝났다"고 말했다. 둘째로, 여리고의 주민은 물론 가나안 사람들은 완전히 사기가 꺾여 있다는 귀중한 정보를 알려 주었다. 이 땅 주민들이 다 너희 앞에서 간담이 녹나니(9절. 참조, 11절: 사람이 정신을 잃었나니). 이것은 하나님이 그렇게 되리라고 이미 말씀하신 대로 이루어진 것이었다(출 23:27; 신 2:25). 정탐꾼의 주목적은 적의 사기를 알아내는 일이었기에 이 말은 그야말로 "그들의 귀에 음악처럼" 들렸다.

왜 그들은 공포에 질렸을까? 40년 전에 홍해를 가른 하나님의 능력이 최근에는 요단 동편의 강력한 아모리 왕, 시혼과 옥을 쳐부쉈기 때문이다(민 21:21~35). 이제 바로 그 하나님이 그들에게 가까이 오고 계시기에 그들은 자신들이 이길 수 없음을 알고 있었던 것이다.

라합은 그 후 이스라엘의 하나님에 대한 신앙을 선언한다. 너희의 하나님 여호와는 위로는 하늘에서도 아래로는 땅에서도 하나님이시니라. 라합은 강한 하나님의 사역에 대해 듣고 그분의 능력과 자비를 믿었다. 그리고 이 믿음이 그녀를 구원했다. 그런데 거짓말을 그렇게 유창하게 잘하고 심지어 매춘부인 라합이 어떻게 그런 놀라운 신앙을 가질 수 있었을까? 그것은 라합이 하나님의 사역에 대해 먼저 신앙으로 응답했고 나중에 하나님의 성품에 관해 더 깊은 신앙으로 응답하여 순종한 것이라고 볼 수 있을 것이다. 영적인 성장은 일시적인 것이 아니고 점진적이다. 〈나 같은 죄인 살리신〉(Amazing Grace)을 작사한 존 뉴턴조차 회개한 후에도 얼마 동안 노예 거래를 계속했으며 나중에야 그것을 포기했다고 한다.

4. 정탐꾼이 라합에게 약속함(2:12~21)

2:12~13 라합은 정탐꾼을 보호할 뿐 아니라(히 11:31; 약 2:25) 가족의

안전에 대한 관심을 보임으로 자신의 신앙을 표현했다. 그녀는 그녀의 가족이 구원받기를 분명하게 요청했다. 그리고 그들이 하나님의 백성 가운데 소속되기를 희망했음에 틀림없다. 상스럽고 추잡한 가나안의 우상 숭배에 사로잡히기보다는 하나이시며 진실하신 이스라엘의 하나님을 예배하기를 원했다. 그녀는 이 중대한 일을 분명히 하기 위하여 정탐꾼들에게 약조를 맺도록 했다.

라합이 그녀의 가족에게 선대(善待)를 요구할 때 헤세드(ח ֶ ס ֶ ד)라는 중요하고 의미 있는 단어를 사용했다. 이 단어는 구약에서 250번가량 발견된다. 헤세드는 약속, 언약 등에 기초한 충성, 불변, 충성스러운 사랑을 뜻한다. 때때로 이 단어는 그의 백성에 대한 하나님의 언약적 사랑을 나타내는데, 여기서는 인간적인 차원에서 사랑의 관계를 뜻한다. 라합의 요구는 그녀가 정탐꾼들의 목숨을 구해 주었듯이 정탐꾼들이 그녀와 그녀의 가족에게 헤세드를 약속하라는 것이었다.

2:14 정탐꾼들의 반응은 즉각적이고 분명했다. "여호와께서 우리에게 이 땅을 주실 때에는 인자하고 진실하게 너를 대우하리라."

2:15~20 정탐꾼들은 떠나기 전에 다시 한번 라합이 지켜야 할 조건을 말함으로써 언약을 확인했다. 첫째, 그녀의 **집 창문**에 **붉은 줄**을 매달아 표시를 해야 한다는 것이었다. 그녀의 집은 **성벽**에 위치하고 있었기 때문에 이스라엘 군사들이 성벽을 돌게 될 때(6:12~15) 그 줄을 분명히 볼 수 있었을 것이다. 집에 분명히 표시가 되어 있으면 어느 군인도 그 집 안에 있는 사람들을 한 사람이라도 감히 죽이지 못할 것이었다.

둘째, 라합과 그녀의 가족은 여리고에 대한 공격이 있을 동안 **집** 안에 머물러 있어야 했다. 만일 누군가 밖에서 돌아다니다가 죽임을 당하면 그 죽음의 책임은 자기 자신에게 있다.

마지막으로, 정탐꾼들은 만일 라합이 누설하면 이러한 맹세가 무효화 될 것을 다시 강조했다.

2:21 이러한 조건에 라합이 동의한 후, 정탐꾼들은 떠나갔고 그녀는 **붉은 줄을 창문에 매었다.** 그리고 그녀는 아마도 급히 그녀의 가족들에게 이 사실을 알리고 그들을 집으로 불러 모았을 것이다. 그녀의 집 문은 여리고에 곧 임할 심판으로부터 안전하게 해 줄 문이었다(참조, 창 7:16; 출 12:23; 요 10:9).

정탐꾼들의 일은 완수되었고 정탐꾼과 라합은 그들의 피신에 관해 의견을 나누었다(수 2:15~16). 당시 여리고는 4.5미터 떨어진 두 개의 성벽으로 둘러싸여 있었다. 그 사이에 나무 널빤지로 다리를 놓고 그 위에 집을 지었다. 아마도 작은 성이라 공간이 좁기 때문인지, 라합의 집은 성벽 위에 지은 집 중의 하나였다. 그렇게 해서 그 집은 성벽의 일부가 되었다 (15절).

5. 정탐꾼이 여호수아에게 돌아감(2:22~24)

2:22~24 정탐꾼들은 조심스레 라합의 집 창문을 통해 줄을 타고 내려왔다(15절). 성문을 통해 나갔더라면 그들의 탈출은 더욱 어려웠을 것이다. 여리고 서쪽으로 800미터 못 미쳐 450미터의 **석회암** 절벽이 있는데 거기는 동굴이 벌집처럼 나 있다. 거기서 정탐꾼들은 여리고의 군인들이 그들을 **포기할 때까지 사흘 동안**(참조, 1:11) 숨어 있었다. 그리고 어둠이

깔릴 무렵 요단 강을 헤엄쳐 싯딤에 있는 진지로 돌아와 가나안 사람들의 낙심을 여호수아에게 보고했다. 그들의 결론은 여호와께서 그 온 땅을 우리 손에 주셨으므로 그 땅의 모든 주민이 우리 앞에서 간담이 녹았다는 것이었다(9절. 참조, 출 23:27; 신 2:25). 가데스 바네아에서 "우리는 능히 올라가서 그 백성을 치지 못하리라 그들은 우리보다 강하니라(민 13:31)"고 말했던 여러 정탐꾼의 보고와는 얼마나 다른가!

C. 요단을 건넘(3장)

1. 도하 준비(3:1~4)

3:1 여호수아는 행동하는 사람이었다. 그 정탐꾼들의 보고를 들은 후, 이스라엘의 지도자는 즉시 요단을 건너 가나안을 공격할 준비를 갖추었다. 그때 여호수아는 이 많은 백성으로 어떻게 넘실거리는 강을 건너게 해야 할지 알지 못했다(참조, 15절). 그러나 하나님이 어떻게 해서든지 가능하게 해 주실 것을 믿으면서, 여호수아는 싯딤으로부터 요단까지 수킬로미터를 짐을 꾸려 이동시켰다(싯딤은 아마 민수기 33장 49절에 나오는 아벨 싯딤과 같은 지명일 것이다).

3:2~3 강에 도착한 후 사흘을 머물렀다. 도하를 계획하고 백성에게 지시를 내리기 위하여 지도자에게 시간이 필요한 것은 두말할 필요가 없었다. 또한 북쪽에 있는 헬몬 산의 눈들이 녹아 상당한 급류가 되어 흐르는

시돈

다마스커스 •
(다메섹)

☼ 헬몬 산

• 라이스(단)

대해 (지중해)

• 게데스 ✳

하솔 •
메롬?

마아가

그술   바산

킨네렛 바다   • 아스다롯
☼ 갈멜 산   • 골란 ✳

• 돌   • 므깃도   • 에드레이
다아낙 •   • 라못 ✳

에발 산 ☼ 세겜 ✳
그리심 산 ☼   압복 강

실로 •   • 아담

벧엘 •
벧호른 •   • 아이
게셀 •   기브온 •   • 여리고   • 아벨싯딤
길갈   • 헤스본
막게다 •   • 예루살렘   • 벧여시못   • 베셀 ✳
• 라기스   • 야르뭇
• 가사   • 에글론   사
드빌 •   • 헤브론 ✳   해   • 아로엘

아르논 강

브엘세바 •

```
0              40
킬로미터
✳ = 도피성
```

네게브

가나안 정복

• 가데스 바네아

강을 가까이 가서 둘러볼 시간도 모든 사람에게 주었을 것이다. 그때 그들은 강을 건너는 것이 불가능해 보여서 풀이 죽어 있었을 것이다.

3일 동안 기다리던 백성에게 지시가 떨어졌다. 구름 기둥은 더 이상 그들을 인도하지 않게 되었고 그 대신 **언약궤**를 따르도록 되어 있었다. 어떤 정찰병이 먼저 전진하는 것이 아니라 법궤를 멘 **제사장**이 전진할 것이었다(11절). 이 법궤는 **여호와** 자신을 상징하는데 법궤를 맨 앞에 세운 이유는 이스라엘 백성을 가나안으로 인도하시는 분은 여호와이시기 때문이었다.

3:4 법궤가 앞에 가면서 백성은 뒤를 따르게 되는데 약 **900미터의 거리를 두어야 했다**. 그 이유는 아마도 **법궤의 신성함**과 그것이 나타내는 하나님의 거룩함을 기억하게 하기 위해서일 것이다. 그들은 하나님을 허물없고 부주의하게 대해서는 안 되며, 깊은 존경과 경외의 정신으로 대해야 했다. 하나님은 "사람보다 높은 분"이 아니라 온 세상의 통치자이시며 거룩하신 하나님이시기 때문이다.

또한 그 간격은 가장 많은 사람들이 법궤를 보기 위해서 필요한 것이다. 하나님은 그들을 낯선 땅으로 인도하고 계셨다. 그들은 그 길을 전에 가 본 적이 없었다. 그 땅은 여호와의 인도와 지도가 없으면 가야 할 방향을 알 수 없는 새로운 땅이었다.

2. 도하를 위한 성결(3:5~13)

3:5 강을 건너는 날이 다가오자 여호수아는 백성에게 스스로를 성결하게 하라고 명령을 내렸다. 하지만 우리는 그가 "칼날을 갈고 방패를 점검

하라"는 말을 했으리라고 추측하기가 더 쉽다. 그러나 하나님이 이스라엘 가운데 커다란 이적을 행하심으로 자신을 계시하려고 하는 이 순간 필요한 것은 군사적인 것이 아니라 영적인 것이었다. 사람이 세상적으로 유명한 사람과 만나려면 세심하게 준비하듯이 이스라엘 백성도 하나님의 나타나심을 준비했다. 율법을 주시기 위한 여호와의 장엄한 계시가 있었던 시내 산에서도 똑같은 명령이 있었다(출 19:10~13).

그러나 그것이 전부는 아니었다. 이스라엘 백성은 하나님이 기적을 베푸시는 것을 기대해야 했다. 그들은 경이감에 사로잡혀 있었다. 이스라엘은 하나님이 인간적으로는 믿을 수 없고 불가능한 일을 하시는 광경을 잊어버려서는 안 되었다.

3:6~8 여호와께서는 그때 여호수아에게 그들이 어떻게 강을 건널 것인지를 말씀하셨다. 그리고 이 기적이 그를 백성의 **지도자로 높여 줄 것임**도 말씀하셨다. 이것은 여호수아가 하나님을 대신하여 **이스라엘을 인도하**는 데 필요한 신임을 얻을 좋은 기회였다. 이를 위해 기적적으로 강을 가르는 것보다 더 좋은 방법이 어디 있을까? 사실상 강을 건넌 후에 백성은 여호수아를 존경했고(4:14), 하나님이 그와 **함께하신다**는 것을 알았다 (3:7. 참조, 1:5, 9).

3:9~13 그러나 여호수아가 여호와의 말씀을 백성에게 전달할 때, 그는 이러한 기적적인 사건으로 자신을 높이리라는 특별한 약속을 밝히지는 않았다. 그보다는 이 기적이, 이방 사람들에 의해 섬겨지는 죽은 우상 신들과는 달리, 살아 계신 하나님이 그들 가운데 계시다는 사실을 확실하게 할 것이라고 말했다. 더 나아가 살아 계신 **하나님**은 넘실거리는 요단 강

에 길을 내실 뿐 아니라 가나안에 거주하는 일곱 족속들을 쫓아내실 것을 말했다.

살아 계신 하나님이 너희 중에 계신다는 이 약속은 적들을 정복하는 과정에 표어가 되고 승리의 열쇠가 되었다. 또 이 말은 이 책의 거의 매 페이지마다 나타나는 약속이다. "내가 너와 함께 있으리라"는 말씀은 여호와의 백성을 떠받쳐 주는 약속, 즉 하나님의 임재에 대한 확신이다. 하나님은 온 땅의 주님(아돈[אָדוֹן])이시기에(참조, 시 97:5) 그의 백성이 강을 건너도록 하실 수가 있었다.

3. 도하 완료(3:14~17)

3:14~15상 요단을 건너는 날, 이스라엘이 가나안 땅으로 들어가야 하는 날이 마침내 왔다. 백성은 장막을 걷어 접고 법궤를 멘 제사장들을 따라 요단 강가로 갔다. 그때가 니산월(3~4월), 즉 그해 정월로 보리를 추수할 때였다(4:19). 강은 물이 넘칠 정도로 불어나 있어서 제사장들과 백성의 믿음을 시험하는 것 같았다. 두려움으로 주저할 것인가 아니면 하나님께서 약속하신 것(물이 멈추리라는 것. 3:13)이 실제로 일어나리라고 믿으면서 전진할 것인가?

3:15하~17 언약궤를 멘 제사장들이 진탕으로 소용돌이치고 있는 물속으로 발을 들여 놓고 멈추는 순간 극적인 사건들이 발생했다. 위에서부터 흘러내리던 물이 끊어진 것이다(참조, 13절). 아담이라고 불리는 성읍 변두리에 물이 산더미처럼 쌓이면서 물이 완전히 끊어져서 요단에 들어오지 못하였다. 그래서 백성은 반대편 여리고까지 건넜다. 이것은 홍해를 건넜

던 것을 생각하게 해 준다(참조, 출 15:8; 시 78:13).

'아담'이라고 하는 장소는 여기에 단 한 번밖에 안 나오지만, 보통 여리고 북쪽 16킬로미터에 있는 나루터 텔 에드-다미예(Tell ed-Damiyeh)와 동일시된다. 강 밑바닥까지 말라 백성은 가축과 짐을 가지고도 건널 수 있었다(참조, 수 4:10).

이런 놀라운 일이 어떻게 일어날 수 있었을까? 많은 사람은 이 사건이 자연적인 현상으로 설명될 수 있기 때문에 기적이 아니라고 주장한다. 그들은 1267년 12월 8일 지진이 텔 에드-다미예 근처에서 요단 강의 제방을 무너뜨려 약 10시간 동안 강에 둑을 만들었다고 주장한다. 1927년 6월 11일에 또 다른 지진이 같은 지역에서 발생해 21시간 동안 강을 막았다. 물론 이러한 현상이 강물이 범람하는 계절에 일어나지는 않았다. 그러나 하나님이 지진이나 산사태 같은 자연적인 일이 시간에 맞추어 일어나도록 허용하셨다고 한다면 여전히 기적적인 개입이라고 할 수 있다. 하지만 성경은 이 사건에 대해 그러한 해석을 허용하고 있는가?

모든 요소를 고려해 볼 때, 이 사건은 인간이 알 수 없는 하나님의 특별한 행동이라고 보는 것이 가장 좋다. 왜냐하면 이것은 많은 초자연적 요소들을 포함하고 있기 때문이다.

(1) 사건은 예언된 대로 일어났다(3:13, 15). (2) 일어난 시간이 정확했다(15절). (3) 사건은 강물이 넘칠 때 일어났다(15절). (4) 물 벽은 여러 시간, 어쩌면 하루 종일 세워졌다(16절). (5) 부드럽고 축축한 강 밑바닥이 순식간에 **말랐다**(17절). (6) 백성이 강을 다 건너고 **제사장들이** 강 밖으로 나가자 즉시 물이 다시 흘렀다(4:18). 수세기 후 선지자 엘리야와 엘리사는 똑같은 강을 마른땅으로 건넜다(왕하 2:8). 그 후 엘리사는 건너갔던 강을 다시 마른땅으로 건너왔다. 만일 이스라엘 백성이 요단을 건너는 것

을 자연적인 현상으로 설명하려고 한다면 엘리야와 엘리사의 경우 지진이 연속적으로 두 번 급히 일어났다고 결론지어야 할 것이다.

이 놀라운 기적으로, 즉 200만이나 되는 사람이 범람하는 요단 강을 건넘으로 하나님은 영광을 받으셨고 여호수아는 높임을 받았으며, 이스라엘은 용기를 얻었고 가나안 백성은 겁을 먹게 되었다. 이스라엘이 강을 건넜다는 사실은, 이제는 그들이 어쩔 수 없이 신앙의 적들과 싸워야 한다는 것을 의미한다. 그들은 광야에서 종종 그랬듯이 육체를 따라 살지 않고 살아 계신 하나님을 믿음으로 살아갈 것을 결심했다.

오늘날 신자들에게 요단을 건넌다는 것은 그리스도인의 생활에 있어 어느 한 수준에서 다른 수준으로 옮겨 가는 것을 뜻한다(이것은 신자가 죽어 천국에 들어가는 것을 뜻하지는 않는다). 이것은 하나님이 약속하시는 영적인 복으로 들어가는 것의 상징이다. 이것은 인간적인 노력으로 사는 삶의 종말이며, 신앙적이고 순종적인 삶의 시작을 의미한다.

D. 기념비를 세움(4장)

4:1~3 이스라엘이 이 위대한 기적을 잊어버리지 않는 일은 중요하다. 이스라엘이 이 역사적인 날에 하나님이 어떻게 행동하셨는지를 기억하도록 하나님은 12개의 기념비를 세우게 하셨다. 이 기념비는 이스라엘 백성이 요단의 마른 땅바닥을 통해 건넌 것을 기념한 것이었다.

여호와께서는 여호수아에게 미리 뽑은 12명이 강바닥에서 12개의 돌을 첫 번째 야영할 장소로 옮기도록 지시하라고 말씀하셨다.

4:4~8 여호수아는 12지파의 대표들을 뽑아 지시했다. 그리고 그들은 강바닥 가운데로 되돌아가 각 사람이 돌 하나씩을 가지고 돌아왔다. 이 돌들은 하나님의 구원의 업적을 기억하고(참조, 24절) 이를 이스라엘이 그들의 자손들에게 가르치기 위한 분명한 기념비가 될 것이었다(6~7절. 참조, 21~24절).

12명은 즉시 질문도 없이 행동했다. 그들이 요단에 다시 들어가는 것을 두려워할 수도 있었다. 무엇보다 얼마 동안이나 물이 멈출는지 알 수 없었다. 그러나 어떤 두려움도 물리치고 지체 없이 하나님의 말씀에 순종했다.

4:9 여호수아는 강바닥에서 큰 돌을 운반해 오는 동시에 제사장들이 언약궤를 메고 섰던 바로 그 장소에 12개의 돌을 쌓아 놓게 했다. 이것은 분명히 여호수아 자신의 생각으로써 가나안 정복 시초에 있었던 하나님의 신실성을 기억하기 위함이었다.

4:10~18 여호와께서 명하신 것은 모두 완수되었다. 도하의 과정을 다시 한번 살펴보면, (1) 백성이 급히 건너는 동안 제사장들과 법궤는 강바닥에 남아 있었다(10절. 참조, 3:17). (2) 요단 동편의 지파들은 가족과 재산을 남겨 둔 채 먼저 강을 건넜다(4:12~13). (3) 모든 백성이 다 건너고 기념석을 운반해 온 후 제사장들은 강바닥을 떠나(그들은 제일 먼저 들어가서 제일 나중에 나왔다) 백성의 지도자적인 위치로 다시 돌아왔다(11, 15~17절). (4) 그리고 즉시 요단은 다시 흐르기 시작했다(18절).

그리하여 모든 지파들은 도하에 참여했다. 르우벤, 갓, 므낫세 반 지파는 비록 대표적인 군대만 보냈지만 나머지 사람들은 그들의 가정과 도시를 지키기 위해 요단 동편에 남아 있었다(참조, 13절). 이들 지파의 20세 이상 성인 남자의 전체 인구는 13만 6,930명이었다(민 26:7, 18, 34). 4,000명의 군사는(수 4:13) 성인 남자의 29퍼센트로 이것은 세 사람 중 한 명이 약간 안 되는 숫자였다.

알렉산더 맥클라렌은 "놀라운 것은 고삐를 풀어 놓은 말처럼 황토 빛의 물이 걷잡을 수 없는 격류가 되어 급작스레 돌진하는 것이다. 기념비로 세운 돌을 제외한 모든 것은 물에 잠겼다"고 그의 주석에 썼다 (*Expositions of Holy Scripture,* London: Hodder & Stoughton, 1908, 3:119).

이스라엘 백성이 자신들이 방금 전에 지나온 길을 뒤덮어 버리는 격류를 보면서, 또 그날 아침까지도 서 있었던 반대편 언덕을 바라보면서 어떤 마음을 가졌을지는 충분히 상상이 간다. 이제는 더 이상 돌아갈 길이 없다. 그들의 역사에 있어 새롭고 흥미진진한 장면이 시작된 것이다.

4:19~20 그러나 감상에 젖을 시간이 아니었다. 여호수아는 백성을 여리고에서 3킬로미터쯤 떨어진 길갈로 데리고 가서 가나안에서의 첫 야영을 시작했다. 그리고 거기에 요단에서 가져온 12개의 돌을 세웠다. 아마 작은 원형으로 세웠으리라. 길갈이란 이름은 '원'을 의미하는데 고대 이교도의 원형으로 된 돌무더기에서 유래했을 것이다. 만일 그러하다면 여호와의 위대하신 행동을 기념하는 최근의 원은 우상 숭배를 배격하는 데 크게 이바지할 것이었다.

4:21~23 돌무더기는 분명히 교육적인 목적이 있었다. 즉 이스라엘 자손들에게 앞으로 올 여러 세대 동안 그들의 선조들을 하나님이 홍해를 건너게 하셨듯이, 요단을 건너게 하신 분은 하나님이시라는 것을 기억하게

하기 위함이었다.

그러나 미래의 후손들은 그 돌들이 무엇을 뜻하는지 어떻게 알 수 있을까? 그 대답은 분명하다. 부모가 그들의 자녀들에게 하나님이 하신 일과 방법을 가르치는 것이었다(참조, 신 6:4~7). 유대인의 아버지는 꼬치꼬치 묻는 아이를 레위인에게 보내어서 그에게 답변을 듣도록 하면 안 되었다. 아버지는 자녀들에게 스스로 대답해야 했다.

4:24 그런데 부모가 자식을 가르치기 위한 시청각적인 목적 외에도 기념비는 더 큰 목적이 있었다. 즉 세상 모든 사람들로 여호와의 손은 능력이 있음을 알도록 하는 데 있었다. 이스라엘 백성이 그 땅에서 첫날밤을 지냈을 때 그들의 마음이 불확실과 두려움으로 가득 차 있었을 것은 당연하다. 서쪽으로 솟아 있는 산들이 앞날을 말해 주는 듯했다. 그러나 그때 그들은 요단에서 가져온 12개의 돌들을 보고 하나님이 그날 그들에게 어떤 위대한 일을 하셨는지 기억했다. 그들은 그들의 앞날을 하나님께 확신을 가지고 맡길 수 있었다.

E. 이스라엘 자손을 성결케 함(5:1~12)

여호수아의 지도와 기적의 개입으로 약 백만의 군인과 시민들은 요단을 건넜다. 그리고 교두보가 길갈에 신속히 설치되었다. 사람의 관점에서 보면 이때야말로 가나안 요새를 즉시 공격할 시기였다. 무엇보다 그 땅에 두루 퍼진 과거의 한 소식과 최근의 두 소식을 듣고 가나안 백성의 사기는 완전히 죽었다. 그 소식은 (1) 이스라엘의 하나님이 홍해를 말려 버렸다는 것(2:10), (2) 이스라엘 백성이 요단 저편 막강한 아모리 족속의 왕들을 격파시켰다는 것, 그리고 (3) 여호와께서 또다시 요단의 물을 말려 이스라엘 백성이 가나안으로 건너오게 하셨다는 것(5:1. 참조, 4:24)이었다.

이 소식이 퍼지자 가나안 사람들은 무서워했다. 공격하기에 이보다 더 좋은 시간이 있을까? 확실히 이스라엘의 군사 지도자들은 즉각적인 전면 공격을 더 좋아했을 것이다.

그러나 이것은 하나님의 계획이 아니었다. 하나님은 그의 자녀가 때로 성급할지라도 그분은 결코 서두르지 않으신다. 하나님이 보실 때는 이스라엘이 아직 가나안에서 싸울 준비가 되어 있지 않았던 것이다. 아직 끝나지 않은 일이 있었다. 그것은 영적인 것이었다. 새로워질 시간이 필요했으며 정복에 앞서 봉헌과 헌신이 선행되어야 했다. 하나님은 이스라엘을 승리로 이끄시기 전, 세 가지 경험으로 이끄셨다. 즉, (1) 할례로 새롭게 됨(5:1~9), (2) 유월절 기념(10절), (3) 가나안의 소산을 먹음(11~12절)이었다.

1. 할례를 실시함(5:1~9)

5:1~3 그 땅의 나라들이 공포로 떨고 있을 때(참조, 4:24), 여호와께서는 이스라엘 자손에게 할례를 행할 것을 **여호수아**에게 명령하셨다. 할례를 받게 한다면, 그것은 군사 지도자로서 적진에서 자신의 전 군대를 무능력하게 만드는 일이었다. 그럼에도 불구하고 그는 순종했다.

5:4~7 여기에 그 설명이 나와 있다. 애굽에서 떠나기 전 이스라엘의 모든 남자들은 다 할례를 받았지만 가데스 바네아에서 불순종함으로(민 20:1~13. 참조, 민 27:14; 신 32:51) 모두 광야에서 죽었다. 광야에서 방황하는 동안 태어난 그들의 자손들은 할례를 받지 않았는데 이것은 그들 부모들의 명백한 영적 무관심의 증거이기도 하다. 그러므로 이 신성한 의식은 이 새로운 세대에게 실시되어야 할 필요가 있었다.

5:8~9 모든 남자들이 할례를 받은 후 여호와께서는 "오늘 애굽의 수치를 너희에게서 떠나가게 하였다"고 선언하셨다. 이스라엘 백성은 애굽에서 노예로 있었기 때문에 애굽을 떠나려고 하기 전까지는 할례를 실시할 수 없었다. 의심할 것도 없이 애굽인들은 그 관습을 금지시켰을 것이다. '애굽의 수치'는 이스라엘이 가나안 땅을 갖지 못하는 것을 비웃는다는 의미이다.

이 사건의 또 다른 중요성은 **길갈**이란 이름에 새로운 의미가 부여되었다는 사실이다. 길갈은 이스라엘이 계속 기억하도록 세워진 기념비로서 '원'이란 뜻 말고도(4장 19~20절의 주해를 보라) '구른다'는 새로운 사상과 관련되어 이스라엘의 순종을 기념한다.

그러면 왜 할례가 중요한가? 성경의 대답은 분명하다. 스데반은 산헤드린 앞에서 감동적인 설교를 하는 가운데, 하나님이 아브라함에게 '할례의 언약'을 주셨다고 선언했다(행 7:8). 그 당시 할례는 일상적인 종교의식이 결코 아니었다. 그것은 아브라함의 언약에 기원을 둔 것으로서, 아브라함의 씨가 영원토록 계속되며 영원히 땅을 차지하리라는 것을 보증하는 언약이었다(창 17:7~8). 이런 관계에서 하나님은 할례를 언약의 표식, 표징으로 정하신 것이다(창 17:11). 하나님은 아브라함에게 그의 남자 후손은 물론 그의 집에 있는 모든 남자도 할례를 받아야 한다고 하셨다. 그리고 아브라함은 즉시 순종했다(창 17:23~27).

그렇다면 왜 하나님은 아브라함과 그의 후손과의 언약의 표징으로 할례를 생각하셨을까? 왜 다른 표징은 아닌가? 할례 행위 자체는 간음, 간통, 남색 등 세상에 널리 퍼져 있는 육체적인 죄악들로부터의 완전한 분리를 상징한다. 더 나아가 이 의식은 성적인 행위뿐만 아니라 삶의 모든 과정에도 영적인 것을 강조한다.

"그러므로 너희는 마음에 할례를 행하고 다시는 목을 곧게 하지 말라"(신 10:16. 참고, 신 30:6; 렘 4:4; 롬 2:28~29).

그리하여 이스라엘은 할례가 육체를 자르는 것만이 아니고, 그들의 삶이 거룩해야 할 것임을 알아야 했다. 이것이 길갈에서 "너희가 가나안에서 전쟁을 하기 전에 너희 육체에 언약의 표식을 해야 한다"고 하나님께서 말씀하신 이유이다. 여호수아는 이 하나님의 요구가 얼마나 중요한지 알았고 주저함이 없이 모든 남자들에게 순종하라고 했다.

바울은 그리스도인은 그리스도 안에서 할례를 받았다고 주장한다(골 2:11). 이러한 할례는 육체적인 것이 아니라 영적인 것이며 외적 기관이 아닌 내적 존재, 마음과 관련되어 있다. 이 할례는 성령께서 신자를 그리스도와 만나게 하시는 구원의 순간에 일어난다. 바로 그때 죄 된 본성은 심판을 받는다(골 2:13). 그리스도인은 비록 살아가는 동안 육체적인 본성이 남아 있다고 하더라도 이 사실을 알아야만 한다(롬 6:1~2). 육체적 본성은(비록 아직 축출시키지 못했어도) 심판받고 정죄받아야 할 적으로 취급해야 한다.

2. 유월절을 지킴(5:10)

5:10 길갈에 진을 친 이스라엘은 이제 유월절을 지켰다. 할례를 받지 않고는 이 중요한 사건에 참여할 자격이 없었을 것이다(출 12:43~44, 48). 재미있는 것은 요단을 건너 도착한 날짜가 유월절을 기념하는 그달 14일이라는 점이다(출 12:12, 6). 하나님의 시간 계산은 얼마나 정확한가!

이것은 이스라엘이 지킨 세 번째 유월절이었다. 첫 번째는 압박과 굴레에서 해방되기 전날 밤 애굽에서 지켰다(출 12:1~28). 두 번째는 진을 거두고 가나안으로 출발하기 전 시내 산에서 지켰다(민 9:1~5).

분명히 광야를 방황하는 동안에는 유월절이 지켜지지 않았을 것이고, 가나안의 길갈에 와서야 절기가 다시 지켜졌다. 최근에 요단을 건넌 것은 홍해를 건넌 것과 유사한 것으로, 이것은 애굽에서 살았던 사람들에게 생생한 기억을 되찾게 해 주었다(애굽에 있을 때 20세 미만이었던 사람들은 가나안에 들어왔다). 의심할 것도 없이 많은 이스라엘인들은 그의 아버지가 어떻게 양을 죽이고 그 피를 문설주에 뿌렸는지 기억했다. 가나안 땅을 밟았던 사람들은 애굽인들이 장남의 죽음을 슬퍼하는 소리를 들을 수 있었다. 그리고 거기에는 야밤에 도주하는 흥분과 애굽인의 추격, 홍해의 물 벽 사이를 걷는 긴장 등이 있었다.

지금 그들은 그것을 다시 재현하고 있었다. 홍해를 건넌 후 애굽인들이 전멸하였던 것같이 요단을 건넌 다음에는 가나안인들의 패배가 뒤따를 것임을, 양을 죽이면서 확신했다. 따라서 과거를 기억한다는 것은 미래를 측정하는 훌륭한 준비 과정이다.

3. 땅의 소산물을 먹음(5:11~12)

5:11 유월절을 지낸 다음 날 아침은 그 땅의 소산물을 먹고 전쟁을 대비했다. 그들이 하나님의 법에 완전히 복종하기를 원한다는 것이 증명되었기에, 아마 그들은 레위기 23장 10~14절에 나오는 대로 곡식의 단을 흔들어 요제를 처음으로 바쳤을 것이다. 그리고 그 당시 백성은 추수 때에 무교병과 볶은 곡식을 자유롭게 먹었다. 볶은 곡식은 중동에서 별미로 여겨졌으며 빵 대신에 먹었다.

하나님은 이스라엘에게 "밀과 보리의 소산지요 포도와 무화과와 석류와 감람나무와 꿀의 소산지"인 풍요로운 땅으로 인도하겠다고 약속하셨다(신 8:8). 이제 마침내 그들은 그 땅의 과일들을 맛보았고 그것이 앞으로 있을 복을 미리 맛보는 것임을 깨달았다.

5:12 그다음 날 만나가 그쳤다. 40년 동안 만나는 계속되었다(참조, 출 16:4~5). 그러나 지금 그것이 시작할 때도 갑자기 시작했듯이 돌연 끊어졌다. 이것은 만나의 공급이 우연한 사건이 아닌 특별한 섭리였음을 보여준다.

이스라엘이 만나를 멸시하거나(민 11:6) 심지어 패역한 세대가 가데스 바네아에서 잘못했을 때에도 하나님이 만나를 그치지 않으셨음은 주목할 만하다. 적어도 그들의 자식들을 위해서 하나님은 만나를 계속 주셨으며, 그것은 그들이 자라나 약속의 땅에 들어갈 때까지 계속되었다. 그러나 자연적인 음식을 먹을 수 있게 되었을 때 이 기적은 멈추었다.

II. 가나안 정복(5:13~12:24)

A. 시작: 여호와의 군대 대장(5:13~15)

하나님은 세 가지 사건을 이스라엘 백성으로 경험하게 하셨다. 즉 할례 의식을 행했고, 유월절을 기념했고, 가나안의 소산물을 먹게 되었다. 이 모든 것은 이스라엘을 양육하기 위함이었다. 그러나 다음의 경험은 여호수아만을 위한 것이었다.

5:13 다음 단계는 여리고를 함락시키는 단계였다. 그러나 하나님의 말씀이 여호수아에게 아직 임하지 않았기에(요단을 건너기 전처럼) 그는 난공불락처럼 보이는 여리고 성으로 정찰을 나갔다. 여리고의 튼튼한 성벽을 보았을 때 여호수아는 당황했을까? 가데스 바네아에서 정탐꾼들은 가나안의 "성읍들은 크고 성곽은 하늘에 닿았다"고 보고했다(신 1:28). 여호수아의 오랜 전투 경험에도 불구하고 장기간의 포위에도 끄떡없을 것 같은 요새화된 성을 공격할 수가 없었다. 사실상 여호수아로서는 팔레스틴의 모든 성들을 이기기가 어려웠을 것이다. 거기에는 무기의 문제도 있었다. 성을 포위하고 성벽을 부수는 전쟁 기구나 투석기, 이동 망대 등이 이스라엘 군대는 없었기 때문이다. 그들이 가지고 있는 무기란 단지 돌팔매, 활, 창 따위로 여리고에 비하면 지푸라기와 같은 것이었다.

여호수아는 여리고 전투에서 반드시 승리해야만 한다는 사실을 알고 있었다. 그들이 요단을 건넜기에 이제는 되돌아갈 장소가 없기 때문이었다. 또한 그들이 여리고를 피해 돌아갈 수 없었던 이유는 길갈이 그들의 여자, 자식, 재산, 가축들에 대한 가나안인들의 공격을 받기 쉬운 도시였기 때문이다.

이런 복잡한 생각들을 하고 있을 때 여호수아는 그의 시야에 들어온 모습을 보고 깜짝 놀랐다. 그가 눈을 들어 보자 어떤 군인 하나가 칼을 쳐들고 있었기 때문이다. 그는 즉각적으로 그 낯선 자에게 "너는 우리를 위하느냐, 우리의 적들을 위하느냐"고 물었다. 만일 그가 이스라엘의 친구라면 어떤 설명을 해야 했다. 왜냐하면 여호수아는 누구에게도 칼을 꺼내라고 명령을 내린 적이 없기 때문이었다. 만일 낯선 사람이 적이라면 여호수아는 싸울 준비가 되어 있었다!

5:14 그의 대답은 놀라운 사실을 보여 주었다. 그 사람은 보통 군인이 아님을 여호수아는 확신하게 되었다. 마므레 상수리나무 아래의 아브라함, 브니엘에서의 야곱, 불붙은 떨기나무의 모세, 엠마오의 두 제자에게와 같은 계시의 섬광이 있었고 여호수아는 곧 자기가 하나님의 존전에 있음을 알았다. 여호수아는 실로 여호와의 천사와 이야기하고 있었던 것이 분명한데, 이것은 구약 시대에 주 예수 그리스도가 나타나신 사건이다(참조, 6:2).

여호와의 군대 대장은 칼을 꺼내 들고서 자신이 이스라엘을 위해 싸울 것임을 밝혔다. 그 칼은 또한 하나님이 아모리 족속의 죄악을 오랫동안 참고 심판을 연기해 오셨음을 보여 준다(참조, 창 15:16). 이스라엘 족속은 심판의 도구가 된 것이다.

여호와의 군대 대장은 어떤 군대를 이끌고 있을까? '여호와의 군대'는 분명히 이스라엘의 군대를 지칭하지 않는다. 그것은 엘리사와 그의 하인이 도단에 있을 때 아람 군대보다 훨씬 능가한 숫자로 둘러섰던 하늘의 군대를 가리킨다(왕하 6:8~17). 겟세마네 동산에서 예수님께서 잡히실 때도 예수님께서는 이 하늘의 군대를 말씀하셨다. 그는 말씀하시기를 열두 영(營)이나 되는 천사가 그를 지킬 수도 있다고 하셨다(마 26:53). 히브리서 1장 14절에는 천사들이 "섬기는 영으로서 구원받을 상속자들을 위하여 섬기라고 보내셨다"고 기록하고 있다. 비록 보이지는 않지만 천사들은 가장 위급할 때 하나님의 자녀를 돌보고 섬긴다.

여호수아는 칼을 뺀 하늘의 방문객을 알아보고 땅에 엎드려 말했다. "내 주여, 종에게 무슨 말씀을 하려 하시나이까?"

5:15 대답은 분명했다. 네 발에서 신을 벗으라. 네가 선 곳은 거룩하니라. 거룩하신 하나님이 나타날 때는 이방의 더러운 땅일지라도 그 장소가 거룩해진다(참조, 출 3:5에서 모세에게 한 비슷한 명령).

이것은 여호수아에게 매우 의미심장한 경험이었다. 그는 이스라엘 족속과 가나안 족속의 두 군대 사이에 벌어질 전쟁을 눈앞에 두고 있었다. 그는 이 전쟁이 자신의 전쟁이며 자기는 대장의 직책을 맡았다고 생각했었다. 그러나 **여호와의 군대 대장**을 만나고 보니 그 전쟁은 여호와께 속한 것임을 알게 되었다. 여호와의 군대 대장은 전쟁을 구경하러 왔거나 심지어 동맹군으로 온 것도 아니었다. 그는 완전히 책임을 가지고 여리고 성을 함락시킬 계획을 곧 보여 줄 것이었다.

이보다 더 **여호수아**에게 힘이 되는 것이 있겠는가! 그는 지도자의 책임이란 무거운 짐을 혼자 짊어질 필요가 없었다. 단지 신발을 벗음으로 이 전쟁과 가나안에 대한 완전한 승리는 하나님에게 달려 있으며 자신은 다만 하나님의 종일 뿐임을 알게 되었다.

B. 중앙 전투(6~8장)

가나안 정복을 위한 하나님의 전략은 지리적인 요소들에 기초되어 있었다. 요단 근처 길갈에 있는 그들의 진지에서 이스라엘 백성은 서쪽으로 가파른 언덕을 볼 수 있었다. 여리고는 산으로 올라가는 길을 차지하고 있었고 아이 성과 다른 요새들은 산마루에 세워져 있었다. 만일 이스라엘 백성이 언덕 위에 위치한 나라를 정복하려 한다면 그들은 반드시 여리고와 아이를 빼앗아야 했다. 그래야 그들은 언덕으로 된 나라의 꼭대기를 차지하고 가나안의 남북을 잇는 능선을 통제할 수 있었다. 또한 남쪽의 군대와 전투할 수 있고 뒤따라 멀리 북쪽에 있는 적과도 싸울 수 있었다. 그러나 먼저 여리고가 함락되어야 했다. 만일 여호수아와 그의 백성이 여호와의 작전에 따른다면 그렇게 될 것이었다.

1. 여리고 정복(6장)

a. 여리고 정복의 전략(6:1~7)

6:1 여리고는 성으로 둘러싸인 곳이었다. 모든 성문을 닫으라는 명령이 떨어졌고 성문을 들어가거나 나가는 왕래는 일체 금지되었다. 라합이 정탐꾼들에게 밝혔던 것처럼(2:11) 여리고의 주민들은 이스라엘이 다가오는 것 때문에 공포에 떨고 있었다(참조, 5:1).

6:2 그러나 거기에는 매우 단단한 요새가 세워져 있었다. 여호수아는 여호와 자신으로부터 여리고를 그의 손에 붙여 주겠다는 승리의 약속을 받았다. 여리고의 왕과 군대는 모두 이스라엘에게 패배할 것이었다. 네 손에 넘겨주었다는 히브리어 동사의 시제는 예언적 완료로 미래에 있을 행동을 마치 완료된 것처럼 쓴 것이다. 하나님이 선언하신 것이기에 승리는 확실했다.

6:3~5 여호수아가 사용하기로 되어 있는 전투 전략은 아주 이상한 것이었다. 투석기나 사다리와 같은 전쟁 도구는 사용되지 않았다. 여호수아와 그의 군대는 하루에 한 차례씩 성을 돌 뿐이었다. 언약궤를 앞세우고 나팔을 부는 일곱 제사장을 따라 6일을 연속 행진했다. 제7일에 그들은 여리고를 일곱 바퀴 돌 것이고 그러면 여리고의 성벽은 무너질 것이었다.

성경에서 일곱이라는 숫자는 종종 완전, 완결을 상징한다. 일곱 제사장, 일곱 나팔, 일곱째 날, 일곱 바퀴 등의 예를 들 수 있다. 하나님의 행동이 인간이 보기에는 어리석어 보여도 이 전투에 있어서는 완전한 작전이었다.

나팔을 부는 것은 무슨 의미에서일까? 이것은 하나님의 임재를 선포하는 이스라엘의 엄숙한 절기와 관련된 '축제의 나팔'이었다(민 10:10). 그러므로 여리고 정복은 군사적으로만 이해되어서는 안 되고 종교적인 전쟁으로 이해되어야 하며, 이 나팔은 하늘과 땅의 하나님이 이 죽음의 도시로 임함을 알리는 것이었다. 사실상 하나님 자신은 이들 제사장의 기나긴 나팔 소리 가운데 다음과 같이 말씀하셨다. "문들아 너희 머리를 들지어다. … 영광의 왕이 들어가시리로다"(시 24:7). 영광의 왕, 그리스도께서 다시 오실 때 나팔 소리 가운데 성으로 들어가실 것이다. 여리고의 정복은 그리스도의 승리와 유사하다.

6:6~7 이보다 더 비이성적인 전투 전략도 없을 것이다. 말없이 행진하는 무방비 상태의 이스라엘 백성을 향해 비 오듯이 화살과 창을 던질 여리고의 군대를 무엇이 막아 줄 것인가? 또는 적이 성문 밖으로 쏟아져 이스라엘의 행군을 끊어 버리면, 이 때 살육하지 못하도록 누가 막을 수 있단 말인가? 여호수아는 경험이 많은 군사 지도자였다. 확실히 하나님의 전략에 반대할 생각이 그의 마음속에 있었을 것이다. 그러나 불타는 가시나무 근처에서 하나님의 계획에 대해 오랫동안 따진 모세(참조, 출 3:11~4:17)와는 달리, 여호수아는 아무런 질문도 없이 순종으로 응답했다. 그는 제사장과 군인을 불러 모으고 사령관으로서 명령을 전달하는 일을 해야 하기 때문에 허비할 시간이 없었다.

b. 여리고 정복 이후의 일(6:8~21)

6:8~9 이스라엘의 긴 행진이 펼쳐지기 시작한 것은 아마 새벽이 조금 지나서의 일이었다. 맨 먼저 무장한 군인이 지파의 깃발 아래 행진하고 그 다음 나팔을 든 일곱 명의 제사장이 따르며 다음으로 하나님의 언약궤, 그리고 마지막으로 후위를 담당한 부대가 뒤따랐다. 군대가 비록 앞장섰다고는 하나 여리고는 그들의 힘에 의해 무너지지 않고 하나님의 능력에 의해 무너지게 될 것이었다.

6:10~11 조용한 침묵 가운데(일곱 명의 제사장이 부는 나팔 소리를 제외하고는) 이 이상한 행렬은 여리고를 향해 나아갔고 그 성을 뱀처럼 둘러

감기 시작했다. 그 당시 여리고 성은 9만 8천~11만 평으로, 한 바퀴 도는데 30분이 채 안 걸렸다. 한 바퀴를 완전히 돌았을 때 가나안 사람들은 즉시 공격이 시작될 것이라고 생각했다. 그러나 놀랍게도 이스라엘 사람들은 재빨리 자기 진지로 되돌아가는 것이었다.

6:12~14 똑같은 진행이 육 일간 계속되었다. 어떠한 요새도 이런 방식으로 함락된 적이 없었다. 이 괴상한 전략은 아마 여호수아의 믿음을 시험하는 것이었다. 그러나 그는 의심을 품지 않고 신뢰했으며 순종했다. 이러한 과정은 또한 이스라엘이 하나님의 뜻에 순종하는지 안 하는지 알아보기 위해 마련된 것이기도 했다. 이런 시험은 쉬운 일이 아니었다. 매일매일 그들은 조롱과 위협 속에 자신들을 노출시켜야 했다. 어느 여리고 병사는 성벽 아래로 이스라엘 군대를 내려다보면서 이렇게 말했을지도 모른다. "저들은 나팔 소리로 우리를 놀라게 할 수 있다고 생각하나 보지?" 그러면 나머지 사람들은 큰 소리로 웃었을 것이다.

이스라엘 사람들은 그날그날 명령을 받았기 때문에 그들의 순종은 단 한 번에 다 이루어지는 것이 아니라 매일 아침 새로운 도전이 되었을지도 모른다. 이것이 바로 하나님이 그의 자녀들을 취급하실 때 종종 쓰는 방법이다. 그들은 내일에 관한 아무런 지식도 없이 '그날의 행진'을 해야만 했다(잠 27:1; 약 4:14. 참조, 마 6:34).

이스라엘 백성의 믿음은 적이 공격할지도 모른다는 두려움을 이겨냈다. 그들은 또한 어떠한 조롱과 비난도 감수했다. 이 사건을 전후로 이스라엘의 역사에서 이보다 더 신앙의 눈금이 올라간 적은 없었다.

6:15~20상 운명의 제7일, 행진은 성벽을 일곱 번 돌았다. 무장한 군인,

일곱 나팔을 부는 제사장, 언약궤를 멘 제사장, 그리고 후위를 맡은 병사들로 구성된 이 퍼레이드는 약 세 시간은 걸렸을 것이다. 17~18절에 나오는 바친다는 말에 대해서는 21절의 주해를 보라. 여호수아가 기록한 대로 18~19절에 나오는 하나님의 말씀을 듣지 않은 까닭에 이스라엘은 무서운 결과를 경험했다. 일곱 바퀴가 끝날 즈음 여호수아의 분명한 목소리가 울려 퍼졌다. 외치라. 여호와께서 너희에게 이 성을 주셨느니라. 또한 여호수아는 그들에게 라합과 그의 가족은 보호하라고 지시했다(참조, 2:8~13). 제사장들은 나팔을 불고 백성은 큰 소리로 외쳤다. 이 고함은 산을 울리면서 들짐승들을 놀라게 했고 여리고 성 안에 거주하는 사람들을 공포에 몰아넣었다. 하나님의 말씀대로 여리고의 성벽은 순식간에 무너졌다.

6:20하~21 이스라엘의 군사들은 폐허 더미 위를 기어 올라갔다. 공포에 떨며 저항을 할 수 없는 여리고의 주민들을 발견하면 라합과 그녀의 가족을 제외하고(참조, 17절) 사람이든 짐승이든 모조리 죽였다. 비평가들은 이 파괴를 구약 성경에 있어서 하나의 흠이라고 말하지만 이스라엘이 하나님의 명령에 따라 행동하였음은 분명하다. 그러므로 파괴의 책임은 하나님에게 있지 이스라엘에게 있는 것은 아니다.

여리고와 성에 있는 모든 것은 "여호와께 바치도록(헤렘[חרם]) 되어 있었다"(17절). 성에 있는 모든 것은 파괴시킴으로 여호와께 바쳐지게 되어 있었다(헤렘의 동사형 하람[חרם]은 10:28, 35, 37, 39~40; 11:11~12, 21에서 '진멸하였다'로 번역되었고 명사형 헤렘은 수 6:17~18; 7:1, 11~12, 15에서 '바친 물건'으로 번역됨).

여리고의 물건들은 땅의 첫 소산처럼 여호와께 바치도록 되어 있었다. 마치 곡식의 첫 열매를 더 많은 수확이 있을 것을 기대하며 여호와께 바치듯이, 여리고의 정복은 이스라엘이 가나안의 모든 것을 얻으리라는 것을 뜻한다. 전리품은 어느 하나도 취하지 못했다. 헤렘(חרם)을 수행하는 과정에서는 사람이건 짐승이건 다 죽이도록 되어 있었다(수 6:17, 21). 그리고 다른 물건들은 파괴하든지 봉헌을 위해 따로 떼어 놓게 하였다. 여기에는 '은금과 동철 기구'가 속했다. 백성이 빼앗은 모든 것은 파괴되든지 여호와의 '보물'로 바쳐지든지 둘 중 하나였다.

더 나아가 하나님에게는 죄 중에 있는 개인이나 국가를 심판할 권한이 있었다. 가나안의 죄악이 가득 찼다는 증거가 있는가? 고고학적인 발견에 의하면(라스 샤므라 비석), 그들의 우상 숭배와 성적 타락은 여리고에 내린 하나님의 심판이 정당했음을 입증한다.

마지막으로 하나님의 목적은 이스라엘 나라로 그 땅에서 복을 받게 하고, 이스라엘이 온 세계의 복의 통로가 되게 하려는 데 있었다. 그러나 만일 이스라엘이 가나안의 타락한 종교에 전염이라도 된다면 이는 크게 방해를 받게 될 것이다. 글리슨 아처(Gleason Archer)는 말하기를 "특별히 종교적 매춘, 어린이 제물 등 가나안 종교의 부패에 비추어 가나안 족속을 완전히 전멸시키지 않는다면 이스라엘이 순수한 신앙과 예배를 지키기란 어려웠다"고 한다(*A Survey of Old Testament Introduction*, Chicago: Moody Press, 1964, 261).

죄란 몹시 전염되기 쉬운 법이다. 죄악과 타협하는 것은 영적인 재난을 불러들이는 위험한 일이다.

백성이 소리를 치는 그 순간 여리고 성벽이 어떻게 무너졌는지에 관해 여러 가지 견해가 제시되었다. (1) 지진이 원인이다. (2) 행진하는 동안 다른 이스라엘 군사들이 땅굴을 성벽 밑으로 팠다. (3) 나팔 부는 소리와 병사들의 외침으로 일어난 진동으로 무너졌다. (4) 이스라엘 사람들의 발걸음 소리로 땅이 울려 일어났다. 어떠하든지 그것은 초자연적 사건이었다. 라합의 집 주위를 제외하고 모든 성벽이 무너졌다는 점만 보아도 분명하다. 사실 하나님께서 이런 기적을 베푸실 때 무슨 방법을 쓰셨는지 정확히 알 필요는 없다. 수백 년 후 이 사건을 신약 성경의 기자는 다음과 같이 쓰는 것으로 만족했다. "믿음으로 칠 일 동안 여리고를 도니 성이 무너졌으며"(히 11:30).

여호수아 시대에 여리고 성이 무너졌다는 고고학적 증거는 분명치 않다. 계속되는 발굴 작업을 통하여 알려진 바로는 여리고가 기나긴 역사 속에서 약 34개의 성벽을 가지고 있었다고 한다(여리고는 세계에서 가장 오래된 도시 중에 하나이다. 많은 고고학자들은 그곳에는 BC 7000년에도 사람이 살고 있었다고 주장한다). 이 지역은 잦은 지진, 여호수아에 의한 전면적인 파괴, 아합 왕 때(왕상 16:34) 재건설되기까지의 5세기에 걸친 침식 작용 등에 의하여 보잘것없는 유적만이 남겨졌고 이것이 과연 여호수아의 공격을 받아 생긴 것인지를 결정하기 어려워졌다. 중요한 발굴물은 무덤과 땅에서 발견된 방대한 도자기뿐이다. 이 유물들은 약 BC 1400년경으로 연대가 추산되고 도자기 밑에는 대 멸망이 있었음을 보여 주는 불에 탄 재들의 두꺼운 층이 있다. 이것은 의심할 것도 없이 여호수아에 의한 도시의 파괴와 방화(수 6:24)였다.

c. 여리고 정복의 후편 이야기(6:22~27)

이 위대한 사건에 대한 이야기가 끝나면서 두 가지 문제가 간단히 언급된다. 라합의 구출과 불타고 약탈당하여 저주받은 도시의 이야기다.

6:22~25 비참하게 멸절당하는 가나안 족속의 이야기 중에 오아시스와 같은 이야기가 있는데 그것은 라합이 구원받는 이야기이다. 도시가 불태워지기 전(24절) 라합은 구출되었다. 여호수아는 두 정탐꾼이 라합에게 한 약속(참조, 2:12~21)을 지켰고, 사람들을 붉은 끈이 창문에 내려져 있는 집으로 보냈다. 그녀와 전 가족은 그들을 좇아 저주받은 도시 밖으로 인도되었다. 라합과 그녀의 가족은 이방인이었기에 정결케 하는 의식(義式)을 행해야 했다. 남자들은 의심할 것도 없이 이스라엘의 일원이 되기 전에 할례를 받았다. 라합의 이야기는 하나님의 은혜가 한 개인과 그의 가족에게 어떻게 작용하는지에 대한 좋은 본보기이다. 그녀는 과거의 생활과는 관계없이 살아 계신 하나님을 믿음으로써 구원을 얻었고 메시아의 조상이 되었다(마 1:5). 성경에 따르면 라합과 그녀의 가족이 하나님의 심판에서 구원받은 것은 그들의 믿음 때문이었다(창 7:1; 살전 5:9).

6:26 여리고를 진멸하여 하나님께 바치는 것에는(참조, 21절 주해) 성을 다시 건축하는 자는 누구든지 저주를 받는다는 선언도 포함되어 있었다. 성의 기초를 놓거나 문을 세워서는 안 된다는 금지는 아합 왕 때까지 500년 간 지켜졌다. 그리고 아합의 배도(背道)를 지적하듯이 벧엘 사람 히엘이 여리고 성을 건축하려다가 그의 두 아들 아비람과 스굽의 생명을 대가로 치렀다(왕상 16:34).

6:27 이스라엘이 가나안에서 첫 번째로 승리한 전투를 기록하면서 6장은 독자가 중요한 사실을 기억할 수 있도록 하면서 끝맺는다. **여호와께서 여호수아와 함께 하시니**(참조, 1:5, 9; 3:7) **여호수아의 소문이 그 온 땅에 퍼지니라.** 여리고 전투에서 승리할 수 있었던 비결은 여호수아의 군사적인

재능이나 그의 군사력에 있는 것이 아니었다. 승리는 그와 그의 백성이 하나님을 믿고 그의 명령에 충실히 따랐기 때문이다(1:6~9).

2. 아이 성 패배(7장)

예상 밖에도 이 전투에서 이스라엘은 패배했다. 이제까지 여호수아가 이끌던 군대는 승리만을 경험했다. 특히 여리고 승리 후에 이스라엘 사람들은 군사적인 패배가 있으리라고는 거의 생각하지 않았다. 그러나 하나님의 백성에게 위대한 승리를 체험한 직후보다 더 위험하고 더 약해질 때는 없다.

아이 성은 이스라엘의 다음 정복 대상이었다. 그 성은 여리고보다 작았지만 전략적으로 중요하여 여리고에서 벧엘로 올라가는 길목에 자리 잡고 있었다. 아이를 공략하면 중앙 고지대를 따라 남쪽에서 북쪽에 이르는 '능선'을 지배할 수 있었다.

많은 고고학자들은 아이 성을 엣-텔(Et-Tell: '폐허')이라는 유적과 동일시한다. 지도로 볼 때는 여호수아 8장에 나오는 설명과 완전히 일치하지만, 엣-텔을 발굴해 보아도 거기서 여호수아 시절에 사람이 거주한 흔적이 발견되지 않는다. 그래서 어떤 고고학자들은 아이 성의 위치를 키르벳 니샤(Khirbet Nisya)로 보기도 한다.

아이가 어디에 위치하는가에 대해서는 의문의 여지가 있지만 중요한 것은 거기서 일어난 사건들이다. 성경의 자료를 통해 이스라엘이 어떻게 패배했고(7장), 또 같은 장소에서 어떻게 승리했는지를 알게 된다(8장).

a. 불순종(7:1)

7:1 승리의 기쁨은 곧 패배의 슬픔으로 바뀌었다. 이 모든 것은 한 사람의 불순종 때문에 일어났다. 여리고는 하나님의 헤렘('진멸하라.' 6:18~19) 아래 놓여 있었다. 그것은 살아 있는 모든 것은 죽이고 가치 있는 것은 여호와께 바친다는 의미이다. 이스라엘의 군사 가운데 어느 누구도 전리품을 가져서는 안 되었다. 그러나 그 유혹이 한 사람에게는 너무 강했다.

사람들은 여호수아의 군사 중에 한 사람만이 유혹에 빠졌기에 여호수아의 군대가 잘 훈련되었다고 생각할지 모르지만 이 하나라도 하나님의 눈을 피할 수는 없었다. 하나님은 아간이 **바친 물건 중에 일부를** 취하며 죄 범하는 것을 보시고 그 때문에 민족 전체에게 진노하셨다. 하나님은 그들이 전체적으로 책임이 있다고 보시고 문제가 해결될 때까지는 복을 보류하셨다. 사실상 하나님이 진노를 거두지 않으신다면 이스라엘의 역사는 끝이 날 것이 뻔했다.

b. 패배(7:2~5)

7:2 아간의 불순종도 알지 못하고 **여호수아**는 다음 전투를 위해 벧엘 동쪽, 여리고에서 북서쪽 16킬로미터에 있는 **아이 성으로** 정탐꾼을 보냈다 (벧아웬['죄악의 집']은 나중에 벧엘['하나님의 집']의 별명이 되었는데[호 10:5], 아이의 북쪽 5킬로미터에 위치한 것 같다).

7:3 정탐꾼들은 돌아와서 확신에 차서 말했다. 그들은 아이 성에 불과

2,000명 내지는 3,000명이 있어 쉽게 정복할 수 있으리라고 말했다. 그들은 그 성에 소수의 남자들만이 있을 뿐이라고 보고했다. 그러나 정탐꾼들은 잘못 판단한 것이었다. 실제로 아이에는 만 2,000명의 남자와 여자가 있었으며 남자만도 6,000명 정도가 있었다(8:25). 후에 하나님이 여호수아에게 명령을 내릴 때 "전 군대를 데리고 가라"고 말씀하셨다(8:1). 비록 아이는 여리고보다 작지만 요새화되어 있었고 군사들도 잘 훈련되어 있었다. 이스라엘은 적의 힘을 과소평가하고 자신의 힘을 과대평가하는 잘못을 범했다. 이때에 기도를 했다거나 하나님을 의뢰했다는 어떤 언급도 찾아볼 수 없다.

적의 힘을 낮추어 잡는다는 것은 위험한 실수이다. 기독교인들은 때때로 그들의 대적이 능력이 있다는 사실을 깨닫지 못한다(엡 6:12; 벧전 5:8). 신자들은 그 결과 영적인 패배의 고통을 겪는다.

이스라엘이 당한 재난은 적을 무시하고 한 번 승리했다고 또다시 승리할 줄 알았기 때문에 일어났다. 그러나 인생살이란 그런 식으로 되지만은 않는다. 어제의 승리가 신자로 하여금 오늘도 패배가 없도록 보장해 주지 않는다. 우리는 끊임없이 여호와의 능력을 의지해야 한다. 그리스도인이 악과 투쟁하는 것에 관해 바울은 말하기를 "끝으로 너희가 주 안에서와 그 힘의 능력으로 강건하여지고"라고 썼다(엡 6:10).

7:4~5 여호수아는 단지 3,000명만을 아이 성에 보냈으나 거기에서 그들은 슬프게도 정복은커녕 **패주하고 말았다.** 그들은 그날 아침 그렇게 자신 있게 올라갔던 가파른 길을 도망쳐 내려왔고 36명의 군사가 죽임을 당했다. 나머지 사람들은 도망하여 진지로 돌아왔다.

패배했다는 소식은 급속히 진지에 퍼져 나갔고 백성은 완전히 사기를 잃고 말았다. 백성의 마음이 녹아 물같이 된지라. 7년간의 가나안 정복 전쟁 중 단 한 번의 패배였지만 문제는 36명의 죽음이란 손실에 있지 않았다. 이스라엘은 갑자기 여호와의 도우심이 거두어진 것 때문에 불안과 공포로 가득 차 있었다. 그들은 왜 그런 일이 일어났는지 이유를 도무지 알지 못했다. 하나님은 왜 그의 마음을 바꾸셨을까?

c. 절망(7:6~9)

7:6~9 여호수아 역시 패배로 인해 아연실색했다. 고대의 통곡하는 의식에 따라 지도자와 장로들은 옷을 찢고 머리에 재를 뒤집어썼다(참조, 욥 1:20; 2:12). 그들은 저녁때까지 여호와의 궤 앞에 꿇어 엎드렸다. 여호수아의 번민이 그때 그가 여호와께 여쭌 세 가지 질문에 잘 나타나 있다. (1) 어찌하여 우리를 여기까지 인도하여 멸망시키려 하나이까? (2) 이제 이스라엘이 패배했으니 내가 무슨 말을 하리이까? (3) 주의 이름을 위해 주께서 어떻게 하시려나이까?

여호수아는 패배의 원인을 하나님께 돌렸지 다른 어떤 원인이 있는 줄은 생각지도 못한 것 같다. 첫 번째 질문은 그가 가데스에서 맹렬히 반대했던 정탐꾼들의 사고방식(민 14:2~3)과 다를 바 없었다. 여호수아의 최대의 관심사는 패배의 소식이 이방인들의 하나님에 대한 경외를 감소시키지나 않을까 하는 점이었다. 또한 결국에는 자신들의 이름도 사라지게 되고 말 것이었다. 즉 멸망되어 기억에서 사라지게 될 것이었다.

d. 지시(7:10~15)

7:10~11 여호수아에게 하신 여호와의 응답은 냉담했다. 일어나라! 어찌하여 이렇게 얼굴을 땅에 대고 엎드려 있느냐? 그리고 하나님은 왜 패배하게 되었는지 그 까닭을 말씀하셨다. 재난의 원인은 이스라엘에게 있지 하나님께 있는 것이 아니었다. 이스라엘이 죄를 범한 것이었다. 하나님은 진노하셔서 여러 가지 말로 그들을 고발하셨다. 일반적인 것에서 구체적인 사실로 발전시키면서 이스라엘이 지은 죄를 비난하셨다. 언약을 어겼고 온전히 바친 물건(하헤렘 הַחֵרֶם]: 멸망시키도록 바쳐진 것들. 참조, 6:18~19, 6:21 주해) 중 일부를 가져가고 도둑질하며 속이고서, 훔친 물건을 감추었다고 했다. 훔친 물건들의 명세는 7장 21절에 나온다. 이러한 범죄가 제거되고 변상되기까지는 한 사람의 죄가 민족 전체의 죄로 간주되었다.

7:12 여리고가 함락된 후에는 "여호와께서 여호수아와 함께 계셨다"고 기록하였다(6:27). 그러나 이제는 냉혹한 선언이 하나님께로부터 왔다. "이 죄가 심판을 받고 바친 물건들이 진멸되기 전까지는 내가 다시는 너희와 함께 있지 아니하리라."

7:13~15 그리고 여호와께서는 죄를 깨끗게 하는 방법을 가르쳐 주셨다. 먼저 백성은 스스로를 거룩하게 해야 한다. 이 문제가 해결되기 전까지는 어떠한 적으로부터의 승리도 있을 수 없다. 둘째로, 범죄자를 가려내기 위해 이튿날 모여야 한다. 제비를 뽑아 먼저 **지파**를, 그리고 족속을, 그다음 가족을, 마지막으로 개인을 밝혀내야 한다. 셋째로, 범죄자와 그

의 모든 소유물은(훔친 물건만이 아니라) 불에 태워야 한다. 이 죄는 하나님께 **망령된** 일이었다. 아간의 죄는 하나님의 명령(6:18)에 대한 고의적인 불순종으로 민족 전체를 멸망시킬 뻔했다. 만일 이스라엘 백성이 가나안 사람들의 재물을 진멸하지 않는다면 하나님이 이스라엘을 멸망시키실지도 모른다!

e. 발견(7:16~21)

7:16~18 운명의 날 여호수아는 일찍 일어났다. 모든 이스라엘 백성은 범죄자를 가려내는 의식을 거행하기 위해 모였다. 이것은 아마 항아리에서 범죄자를 표시한 토기 조각을 끄집어내는 방식으로 이루어졌을 것이다. 그런데 하나님은 누가 범죄한 줄 알고 있으면서 왜 여호수아에게 쉽게 알려 주지 않으셨을까? 그것은 이러한 극적인 방법이 이스라엘 민족에게 하나님의 명령을 어기는 죄가 얼마나 심각한지 깊은 인상을 줄 수 있기 때문이다. 또한 이 방법은 시간이 걸리기 때문에 범죄한 자로 하여금 그의 죄를 자백하고 회개할 기회를 주기 위해서이기도 했다. 만일 아간이 여기에 응답하여 하나님의 자비에 자신을 맡겼더라면 수세기 후에 다윗이 죄를 용서받았듯이(시 32:1~5; 51:1~12) 그도 틀림없이 용서를 받았을 것이다.

뽑히는 폭이 좁혀지면서 더욱 엄숙한 침묵이 흘렀다. 유대 지파에서 세라 족속으로, 세라 족속에서 **삽디** 가족으로, 마침내 범죄자인 아간이 뽑혔다. 이것은 결코 운명의 장난이 아니었다. 그것은 하나님의 섭리에 의한 지시였다. 솔로몬은 이를 잘 묘사하였다. "제비는 사람이 뽑으나 모든 일을 작정하기는 여호와께 있느니라"(잠 16:33).

7:19~21 분명히 점점 자신이 드러나는 과정마다 겁이 나고 심장이 떨렸을 텐데도, 이상하게도 아간은 처음부터 끝까지 조용히 있었다. 마침내 여호수아는 아간을 부드럽게 그러나 단호하게 지적했다. 그것은 여호수아가 비록 죄를 미워했으나 죄인을 경멸하지 않기 때문이었다. 죄를 범한 사람이 기적적으로 드러났음을 밝히기 위해 공개적인 자백이 필요했다.

아간의 대답은 솔직하고 분명했다. 그는 자신의 죄를 고백했으나 용서를 구하지는 않았다. 하나님의 명령을 순종하지 않은 것에 대한 슬픔의 기색도 없었다. 전리품을 위해 민족을 배신하고 그 결과 이스라엘 군대가 패배했고 36명이 죽었음에도 불구하고 말이다. 아마도 그가 아쉬워한 것이 있다면 그가 발각되었다는 것뿐이었다.

아간의 범죄에서 세 가지의 주요 단계가 어디서 본 듯하다. 그는 **보았다**. 그는 **탐을 냈다**. 그리고 그는 **가졌다**. 하와는 에덴동산에서 똑같은 비극적인 단계를 밟았고(창 3:6) 다윗도 밧세바를 취할 때 그러했다(삼하 11:2~4).

아간이 여리고 성에서 훔쳐 자신의 장막 가운데 땅속에 숨긴 물건들은 (1) **바벨론 산 아름다운 외투 한 벌**(어쩌면 이것은 바벨론 사람과 무역을 하던 여리고 사람에게서 얻었을 것이다), (2) **은 이백 세겔**과 (3) **금 오십 세겔**이다. 아간은 다음과 같이 대꾸할 수도 있었을 것이다. "나는 광야에서 수년 동안의 생활에서 재산을 다 잃어버렸습니다. 여기에 아름답고 새로운 유행의 옷과 금과 은이 있습니다. 어떻게 하나님은 내가 이런 물건들을 가지지 못하게 하실 수 있습니까? 그것들은 결코 버릴 수 없습니다. 나는 행운과 성공을 가져야 마땅합니다." 그러나 여리고 성의 전리품은 어떠한 것도 가지지 말라는 특별한 명령이 있었던 것이다. 여호수아는 모든 은과 금은 여호와께 보물로 바쳐져야 한다고 백성에게 말했다(수

6:19). 하나님의 말씀은 결코 죗값을 치르지 않고 합리화될 수 없다.

f. 죽음(7:22~26)

7:22~25 아간의 자백은 신속히 입증되었다. 훔친 물건들은 그가 말한 장소에서 발견되었다. 그것들을 여호와 앞에 보인 후 이 가련한 친구는 노략품, 그의 전 가족, 그의 가축, 그 외 자신의 모든 재산들과 함께 **아골 골짜기**로 끌려갔다. 돌로 아간과 그의 자녀들을 친 후 그들의 시체와 재산들은 불에 태웠다. 하나님께 '바친' 물건을 훔쳤기에 아간은 자신을 더럽히고 죽음을 맞이했다. 부모의 죄로 자녀들이 처벌되어서는 안 된다는 규정(신 24:16)에 비추어 볼 때, 아간의 가족들은(언급되지 않은 아내만 제외하고) 이 범죄에 동참했던 것 같다(참조, 민수기 16:28~35 주해).

7:26 본장은 아간의 시체 위로 **돌무더기를 쌓았다**는 역사적인 기록으로 끝났다. 이 방식은 보통 악명 높은 사람들을 묻을 때 사용되는 것 같다(참조, 8:29). 이러한 방법은 이스라엘이 하나님의 명령을 불순종하는 죄를 경고하는 목적으로 사용되었다.

아간과 아골은 히브리어에서 서로 관련이 있는 것 같다. 그래서 '괴롭게 하는 자'(말썽꾼)를 뜻하는 아간은 '괴로움'의 골짜기인 **아골 골짜기**에 묻혔다. 이스라엘이 그들 가운데 있는 죄의 문제를 기꺼이 처리하였기에 하나님의 불타는 **진노**(7:1)는 거두어지고 이스라엘은 다시금 승리할 수 있는 준비를 갖추었다.

3. 아이 성 승리(8장)

a. 전쟁 준비(8:1~2)

8:1 기적적으로 이스라엘이 요단을 건너게 하고 여리고에서 초자연적으로 이스라엘을 승리하게 했던 원동력은 아이에서 패배할 때 끊어졌다. 절망과 슬픔이 이스라엘 진지에 있는 모든 사람에게뿐 아니라 여호수아의 마음속에 스며들었다.

그러나 아간의 범죄가 처벌되자, 이스라엘을 향한 하나님의 사랑은 회복되고 하나님은 **여호수아**와 그의 백성을 버리지 않았음을 확신시키셨다. 여호수아는 하나님의 격려의 말씀을 들었을 때 가슴이 뛰었다. 그것은 모세가 가데스 바네아에서 12정탐꾼을 보낼 때(신 1:21) 했던 말이기 때문이다. 그것은 또한 40년 후 모세가 젊은 여호수아에게 통치권을 넘겨줄 때 했던 말이기도 했다(신 31:8). 또 여호수아는 그것을 모세가 죽은 직후 하나님으로부터 들었다(수 1:9). 이제 이 중요한 시기에 이 말을 다시 상기시키고 확신시키는 것은 좋은 일이다. 하나님은 여호수아가 당신의 계획을 따를 준비만 되어 있다면 그를 인도하실 준비가 되어 있었다. 그리고 여호수아도 따를 준비가 되어 있었다.

하나님의 작전은 이스라엘의 군사는 모두 사용하는 것이었다. 아이에서 패배한 주된 원인은 아간의 범죄 때문이었지만 이차적인 원인은 적을 과소평가했기 때문이다(참조, 7:3~4). 이 실수는 이제 수정되어야 했다. 하나님은 여호수아에게 올라가 아이를 공격하라고 하시면서 패배의 장소를 승리의 장소로 변하게 해 주겠다고 약속하셨다.

8:2 여호수아에게 작전을 가르쳐 주기 전에 하나님은 **아이 성의 노략한 물건과 가축**은 이스라엘이 가져도 좋다고 하셨다. 여리고는 금지령 아래 있었지만 아이 성은 그렇지 않았다.

이 얼마나 안타까운가! 아간이 만일 여리고에서 하나님의 말씀에 순종하여 자신의 탐욕과 이기심을 억제하기만 했더라면 그는 나중에 자신이 원하는 모든 것과 하나님의 복을 다 받을 수 있었을 것이다. 순종과 신앙의 길은 언제나 최선의 길인 것이다.

b. 전쟁의 결과(8:3~29)

아이에서 일어난 사건은 여리고의 경우와는 전적으로 달랐다. 이스라엘 백성은 아이의 성벽을 일곱 번 돌지 않았다. 성벽이 기적적으로 무너지지도 않았다. 이스라엘은 정상적인 전투를 통해 성을 정복해야 했다. 하나님이 어떤 한 가지 방식으로만 일하신다고 제한할 수 없다. 하나님은 일하시는 데 있어 틀에 박히지 않으시며 앞으로도 그러하실 것이다.

8:3~9 아이를 함락시키는 전략은 교묘했다. 그것은 **성 뒤로 복병**을 설치하는 일이었다. 하나님 자신이 그렇게 하라고 **여호수아**에게 말씀하셨다. 이 작전의 진행은 군사를 셋으로 나누어 파견함으로 이루어졌다. 첫 번째 파견은 **밤**에 성읍 **서쪽**으로 용맹한 군사를 보내어 숨도록 하게 한 것이었다. 그들의 과제는 아이 성 사람들이 여호수아와 그의 군대를 **추격하려고** 성을 비워 두었을 때, 그리로 쳐들어가 불을 지르는 일이었다. 이 군대는 **3만 명**으로, 성읍 근처에 숨기에는 많아 보이지만 그 주변에 바위들이 많았기 때문에 이들 군사들은 충분히 숨을 수 있었다.

8:10~11 두 번째 파견대는 다음 날 아침 일찍 길갈을 출발해 아이 북쪽 평지에 진을 친 주력 부대였다. 이들 군대는 여호수아의 지휘 아래 아이 성읍 군사들을 성읍 밖으로 이끌어 낼 부대이다.

8:12~13 세 번째 부대는 벧엘과 아이 사이에 매복한 5,000명으로 이들은 아이를 돕기 위해 올지도 모르는 벧엘의 지원병들을 차단할 것이었다. 여호수아는 아이의 북쪽에 있는 골짜기로 들어갔다.

8:14~22 작전은 완벽하게 수행되었다. 아이 성의 왕은 이스라엘 군대를 보자 미끼에 걸려들었다. 패주하여 도망치는 체하는 이스라엘 군사들을 추격하느라고 아이 성은 무방비 상태로 버려졌다. 여호수아가 신호를 하자 다른 부대가 재빨리 성에 들어가 불을 놓았다. 아이 사람들은 불길과 연기가 하늘을 치솟자 겁이 덜컥 났다. 그들이 어떻게 하기도 전에 이스라엘 군사들의 협공 작전에 말려 멸망당했다.

8:23~29 아이 성의 군사들을 모두 죽인 후 이스라엘 군대는 성에 다시 들어가 모든 주민들을 죽였다. 군인과 시민이 모두 만 2,000명이나 죽었다. 이스라엘 군사들이 성에서 탈취한 노략물은 하나님이 말씀하신 대로 탈취해 가졌다(2절). 성읍은 폐허가 되었다. 아이 왕은 저녁때까지 나무에 달았다가 돌무더기로 매장하였다(아간도 비슷하게 매장되었다. 참조, 7:26). 왕의 시체는 하나님의 명령에 따라 해가 질 무렵 나무에서 끌어내렸다(참조, 신 21:22~23; 수 10:27).
　　이렇게 해서 이스라엘은 하나님의 사랑을 회복하여 위대한 승리를 거두었다. 실패 후에 두 번째 기회가 왔다. 이것은 한번 패배하거나 실패한 신자라고 해서 하나님께 더 이상 필요 없어졌다는 의미는 아닌 것이다.

c. 전쟁의 뒷이야기(8:30~35)

8:30~31 아이에서 승리를 거둔 후 여호수아는 이상하고 군사적으로 볼 때 어리석은 일을 했다. 가나안의 중앙 지대를 좀 더 확보하지 않고 이스라엘 백성을 영적인 행사로 이끌었다. 왜일까? 이유는 간단하다. 모세가 그것을 시켰기 때문이다(신 27:1~8).

여호수아는 지체 없이 길갈의 진지에서 남자, 여자, 자녀, 가축들을 특별히 지정한 요단 북쪽 골짜기로, 즉 세겜에 있는 에발 산과 그리심 산으로 인도했다. 거의 사람이 살고 있지 않는 지대로 48킬로미터 가량을 행진하는 것이기에 어렵거나 위험하지는 않았다. 그러나 이스라엘 백성은 어떻게 세겜 성읍에 사는 사람들과 부딪히지 않았을까? 어떻게 골짜기로 들어가는 입구를 지키고 있던 요새를 피했을까?

성경은 정복 전쟁의 모든 사건을 기록하지 않는다. 세겜의 함락은 빠뜨렸는지도 모른다. 아니면 그 당시 세겜은 우호 관계에 있거나 저항 없이 항복했는지도 모른다. 그러면 왜 이 장소를 택한 것일까? 이 산들은 지리적으로 중앙에 위치하고 있어서 어느 산봉우리에서도 약속의 땅을 가장 잘 볼 수 있었다. 여기는 가나안 땅을 대표하는 장소로 가나안을 들어갈 때나 여호수아가 지도자를 은퇴시킬 때(참조, 24:1) 백성에게 여호와에 대한 언약을 충실히 이행할 것인지를 물었던 곳이다.

이 장소에서 있었던 엄숙하고 의미심장한 종교적 의식에는 세 가지 의미가 포함되어 있다. 첫째, 에발 산에 돌 제단이 세워지고 **희생 제물**(번제와 화목제. 참조, 레 1, 3장)이 **여호와께 드려졌다.** 가나안의 거짓 신들을 섬겼던 여리고와 아이는 망했다. 이스라엘은 이제 한 분이시며 참된 하나님에 대한 신앙을 공개적으로 선포하고 예배드렸다.

8:32 둘째로, 여호수아는 큰 돌을 세웠다. 돌 위에 여호수아는 모세의 율법을 기록했다. 율법의 얼마만큼을 썼는지는 언급되어 있지 않다. 어떤 이들은 십계명만을 기록했다고 하나 다른 사람들은 적어도 신명기 5~26장의 내용을 돌에 기록했다고 생각한다. 고고학자들은 중동에서 이와 유사한 것들이 기록된 약 2.5미터의 돌기둥을 발견하였다. 그리고 이란에서 발견된 비문은 신명기 분량의 세 배나 기록되어 있다.

8:33~35 셋째로, 여호수아는 율법을 백성에게 읽어 주었다. 백성의 절반은 남쪽 그리심 산의 기슭에 서고 나머지 절반은 북쪽 에발 산기슭에 섰다. 그리고 그 사이의 골짜기에는 제사장들이 언약궤를 둘러싸고 있었다. 율법의 저주가 하나씩 읽혀질 때마다 에발 산에 있는 지파들은 "아멘"이라고 응답했다. 똑같이 축복이 읽혀질 때도 그리심 산에 있는 지파들이 "아멘"이라고 대답했다(신 11:29; 27:12~26). 거대하게 자연에 의해 만들어진 원형 극장은 백성이 말 한 마디 한 마디를 잘 들을 수 있도록 했으며, 이스라엘은 여호와의 율법이 그 땅의 율법이 되어야 한다는 사실을 성실하게 인정했다.

　이때로부터 유대인의 역사는 그날 들은 율법에 대한 그들의 반응에 달려 있게 되었다. 그들이 순종하면 복을 받고 순종하지 않았을 때는 심판을 받았다(참조, 신 28장). 그러나 이 율법에 대한 각오가 그토록 급속히 식어 갔다는 사실은 비극이 아닐 수 없다.

C. 남부 전투(9~10장)

여호와께 상의하지 않은 것이 이스라엘이 아이에서 패배한 주요 원인이었는데, 이번에는 지도자가 기도하지 않음으로 인해 또 다른 위기에 빠지게 되었다. 그것은 거의 생각하지 않았을 때 발생했다. 에발 산과 그리심 산에서 하나님의 율법을 읽어 주는 것을 듣고 길갈에 있는 진지로 돌아온 후의 일이었다. 이스라엘이 기꺼이 하나님의 말씀에 순종하겠노라고 약속하며 돌 위에 율법들을 기록했다. 이때는 영적인 면에서 승리의 시간이었다. 그러나 또한 사탄으로부터의 교묘한 공격이 시작되는 시간이기도 했다. 하나님의 자녀들이 '뭔가를 했다'고 생각하는 순간이 적의 공격에 가장 취약한 때이다.

이 이야기는 다음에 나오는 두 장에서 전개된다. 기브온 사람들과의 동맹(9장)과 기브온 사람들을 방어하는 이야기이다(10장).

1. 기브온 족속과의 동맹(9장)

a. 기브온의 속임수(9:1~15)

9:1~2 이스라엘이 여리고와 아이에서 승리했다는 소식은 모든 나라들로 동맹을 맺도록 했다. 이 구절은 10장과 11장에 기록된 남방과 북방에서의 정복을 예상하도록 한다.

두려움에 찬 왕들은 지역적인 세 구분에 따라 집단을 조직했다. 팔레스틴의 중앙인 산지(山地)와 서쪽의 낮은 구릉 지대, 그리고 북쪽으로 레바논에 이르는 해안 평야지대가 그것이었다. 그들이 계획한 대로 하나의 군대로 연합하여 싸울 수 없었던 것은 가나안의 산등성이를 타고 움직이는 여호수아의 전략을 성공할 수 있도록 해 주었다.

그러나 남쪽과 북쪽에서는 강력한 동맹군이 형성되었다. 종족들 간의 전쟁은 멈추어지고 하나가 되어 하나님의 백성의 침략에 대항하여 싸우게 되었다.

9:3 그러나 이스라엘의 대적들이 모두 이스라엘과 싸우기를 원한 것은 아니다. 기브온 족속은 자신들이 이스라엘을 이길 수 없으리라는 것을 알고 평화를 추구했다. 예루살렘에서 북서쪽으로 불과 9.6킬로미터, 아이에서 남서쪽으로 똑같은 거리에 위치한 산악 성읍인 **기브온**은 '큰 성'으로 알려져 있으며(10:2) 이웃의 세 도읍과 연맹을 맺은 가운데 으뜸이었다(참조, 9:17).

9:4~6 상의를 한 후에 그들은 여호수아에게 밀사를 보내자는 교묘한 꾀를 내었다. 밀사를 피곤하고 다 낡은 옷을 입은 여행자로 변장시켜 먼 여행을 한 것처럼 꾸민다는 계획이었다. 어느 날 아침, 길갈에 있는 이스라엘의 진중에 웬 낯선 사람들이 도착했다. 그들은 헤어지고 찢어져서 기운 **가죽 포도주 부대**와 낡아서 기운 신, 더럽고 낡은 옷, 그리고 다 마르고 **곰팡이 난 떡**을 가지고 왔다. 이 방문객들이 여호수아를 찾자 이스라엘 사람들은 이 낯선 사람들이 누구이고 어디서 왔으며 왜 여기에 왔는지 궁금해했다.

기브온 사람들은 여호수아를 만나자 곧 거짓말을 늘어놓았다. 그들은 다음과 같이 말했다. "우리는 먼 곳에서 왔습니다. 우리와 조약을 맺읍시다." 왜 그들은 먼 곳에서 온 것을 강조하고 그것을 입증하기 위한 거짓을 꾸몄을까? 분명히 기브온 사람들은 모세의 법 규정들을 알고 있었다. 모세의 법은 가나안의 일곱 족속을 완전히 쓸어버릴 것을 요구하면서도 이스라엘이 다른 족속과 평화를 맺은 것은 허용했다(신 20:10~18; 7:1~2).

9:7 처음에 여호수아와 그의 방백들은 믿기를 주저했다. "혹시 당신들은 우리 근처에 살고 있지 않습니까"라고 물었다. 악한 사람들이 종종 의로운 사람을 이용하려고 할 때가 있다.

기브온에서 온 나그네들은 히위 족속이라고 불렸다(참조, 11:19). 그들은 함의 아들 가나안의 후손이었다(창 10:17). 히위 족속은 호리 족속이라고도 불린다. 창세기 36장 2절에서는 "히위 족속 시브온의 딸"이라고 했고 창세기 36장 20절에서는 호리 족속이라고 했다.

9:8~13 여호수아는 질문을 통해 확인했고 교활한 기브온 사람들은 거짓말로 둘러댔다. 그들은 주장하기를 자신들은 능력이 많은 이스라엘의 하나님을 경외하기 위해 아주 먼 거리에서 왔으니 이스라엘의 종으로서 평화롭게 살도록 허용해 달라는 것이었다. 하나님이 이스라엘 백성을 위해 애굽에서 하신 일(아마 질병을 내리신 일과 홍해를 건너게 하신 일)을 들었다는 것이다. 또 시혼과 옥을 이기게 하셨다는 말도 들었노라고 했다(민 21:21~25; 신 2:26~3:11). 재미있는 것은 이스라엘이 최근에 여리고와 아이에서 승리한 사실들은 이들이 전혀 말하지 않았다는 것이다. 만일 아주 먼 데서 왔다면 최근의 전쟁들에 대해서는 들을 수 없었을 것이기

때문이다. 이러한 교묘한 계략들을 위해 그들은 증거물을 제시했다. 곰팡이가 난 떡, 낡아서 기운 **포도주 부대**, 낡은 **의복**, 기운 신발 등. 그러자 여호수아와 방백들의 의심은 사라졌다.

9:14~15 기브온 사람들의 간사한 계획에 따라 결국 이스라엘 방백들은 그들과 **조약을 맺었다.** 그리하여 여호수아와 이스라엘 백성은 최소한 두 가지 실수를 범했다. 첫째로, 그들은 매우 의심스러운 것을 **증거물로** 채택했다. 만일 그 방문객들이 다른 나라와 조약을 맺을 수 있는 권한을 가진 사절단이라면 신분을 더 보증할 만한 것들을 가지고 있어야만 했다. 여호수아가 그것을 요구하지 않은 것은 잘못이었다.

　두 번째로, 이스라엘이 실패한 원인은 14절에 나와 있다. 즉 방백들이 하나님의 지시를 **구하지 않았다.** 여호수아는 그 증거물들이 여호와의 조언을 받지 않아도 될 만큼 문제가 없다고 생각했을까? 아니면 그는 그 문제로 하나님을 '괴롭히기'에는 너무 정상적이고 대수롭지 않은 문제라고 생각했을까? 원인이 무엇이든지 간에 자기 자신의 판단을 믿고 자기 자신이 계획을 세운 것은 실수였다. 이것은 모든 세대에 사는 신자에게도 마찬가지로 적용되는 문제이다(약 4:13~15).

b. 책략을 알아내다(9:16~17)

9:16~17 사흘 후에 자신들이 '속았음'을 이스라엘은 알게 되었다. 왜냐하면 **기브온 족속은** 길갈에서 불과 40킬로미터 근처에 살고 있는 가나안 본토 족속이었기 때문이었다. 정탐꾼들은 인근 기브온과 기브온에 속한 세 **성읍들을** 보고 속았음을 확신했다. "거짓 혀는 잠시 동안만 있을 뿐이

니라"(잠 12:19). 조만간에 사기나 속임수는 탄로 나게 마련이다. 진실은 꼭 밝혀진다.

c. 방백들이 결정을 내리다(9:18~27)

9:18~19 이스리엘 백성은 자기들이 속았나는 것을 알고 얼마나 방백들을 비난했을까? 사실 백성은 조약을 맺은 것을 무시하고 기브온 사람들을 멸망시키기 원했다. 그러나 여호수아는 적이 거짓말했다고 해도 약조는 무효로 할 수 없다고 말했다. 약속은 신성하다. 그것은 이스라엘의 하나님 여호와의 이름으로 맹세함으로 인정받았기 때문이었다(참조, 15절). 약속을 깨뜨리는 것은 이스라엘 하나님의 진노를 초래할지도 몰랐다. 후에 사울이 이 맹세를 무시했기 때문에 다윗 시대에 비극이 발생했다(삼하 21:1~6).

9:20~27 여호수아와 방백들은 말한 것을 지키는 고결한 사람들이었다. 그들은 비록 사기를 당해 수치를 당하기는 했어도 신성한 약속을 깨뜨림으로 하나님과 그의 백성에게 불명예를 끼치고 싶지는 않았다. 그러나 이스라엘이 약속을 깨뜨리지는 않을지라도 속임수를 쓴 사람들은 처벌을 받아야 했다. 그래서 **여호수아**는 기브온 사람들에게 그들의 부정직을 비난하면서 그들이 저주를 받아 영원히 노예가 될 것을 선언했다. 그 노예살이는 이스라엘 백성을 위해 나무를 패고 물을 긷는 일이었다. 기브온 족속의 우상 숭배가 이스라엘의 종교를 부패시키지 못하게 하기 위해 그들의 작업은 유일하고 진정한 하나님을 예배하는 장막 성전의 일을 돕게 될 것이었다.

그래서 기브온 사람들은 가장 얻기를 원한 것을 잃어버렸다. 그들은 필사적으로 자유인으로 남고 싶었지만 결국은 종이 되고 말았다. 그러나 그 저주는 복이 되었다. 그것은 기브온 사람을 위해 여호와께서 큰 기적을 베푸신 것이었다(참조, 10:10~14). 후에 산당이 기브온에 위치를 정했고(대하 1:3), 그보다 더 후에는 느헤미야가 예루살렘 성벽을 재건하는 일을 기브온 사람이 돕기도 했다(느 3:7). 이러한 일은 하나님의 은혜였다. 하나님은 저주를 복으로 바꿀 수 있으시다. 죄의 결과가 저주로 나타나는 것은 틀림없는 사실일지라도, 하나님의 은혜는 죄를 용서할 뿐 아니라 종종 복도 가져다준다.

2. 기브온 사람들을 보호함(10장)

a. 전쟁의 원인(10:1~5)

10:1~2 장면이 기브온에서, 8킬로미터 남쪽에 있는 **예루살렘**으로 바뀐다. 두려움이 예루살렘 왕 아도니세덱을 사로잡기에 충분했다. 기브온 족속이 예상치도 않게 굴복함으로 길갈에서 시작한 전선은 여리고와 아이를 거쳐 예루살렘 북서에서 불과 몇 킬로미터 지점에까지 이르게 되었다. 예루살렘의 안전은 심각하게 위협을 받고 있었다. 이스라엘이 아무런 저항 없이 전진한다면 예루살렘은 곧 포위되고 함락될 것이었다.

10:3~4 그래서 예루살렘의 왕은 급히 전령을 보내 가나안 남쪽에 사는 다른 네 왕에게 기브온이 이스라엘과 **화친**한 사실을 주지시키고 배반한 기브온을 처벌하자고 했다. 이것은 다른 성읍들도 항복할 길을 터놓는

일이었기 때문이다. 기브온에 대한 즉각적인 행동이 취해져야 했다.

10:5 신속한 응답이 왔다. 남방의 다섯 왕의 연합군이 동맹을 맺고 기브 온을 징벌하기 위해 포위하는 데는 시간이 얼마 걸리지 않았다. 왕들은 가나안의 산악 국가의 왕들로 아모리 족속들이었다(참조, 창 14:13~16).

b. 전쟁의 경과(10:6~15)

10:6 살육당할 상황에 직면하여 기브온 사람들은 길갈에 있는 **여호수아** 에게 사람을 보내어 도움을 청했다.

여호수아는 자기를 속인 바로 그 백성이 도와달라는 호소를 들어주 어야 했을까? 왜 그냥 내버려 두어 가나안 족속들이 자기들끼리 싸우도 록 하지 않았을까?

10:7~8 여호수아가 즉각적인 행동을 한 것으로 보아 어떤 사람들은 이 스라엘과 기브온 사이에 상호방위조약을 맺었음에 틀림없다고 생각한 다. 그러나 성경에서 그런 것을 찾아볼 수 없다. 그리고 이스라엘이 기브 온과 약조를 맺을 때 '먼' 거리에 있는 나라를 구하러 간다는 약조를 맺는 다는 것은 이치에 맞지 않다.

여호수아가 그들을 도운 것은 군사적인 전략이었다. 이때까지 이스라 엘은 한 번에 한 요새씩을 공격했다. 그러나 지금 여호수아는 자기가 원 했던 전략적인 시기가 왔음을 알았다. 남부 가나안의 아모리 족속들이 결속하여 기브온 외곽 평지에 진을 치고 있는 것이었다. 이스라엘이 적의 후미를 치면 승리할 수 있을 것이었다. 더구나 하나님은 **여호수아**에게 그들을 두려워 말라고 하시며(참조, 1:9; 8:1) 그에게 승리를 주겠다고 하셨기 때문이다.

여호수아는 군대를 모으고 어두움이 덮여 있는 가운데 길갈에서 기브온까지 40킬로미터을 행군했다. 천 200미터나 되는 험난한 지형을 오르는 힘든 행진이었다. 쉴 시간도 없었다. 군대는 피로에 지쳤고 앞에는 막강한 적이 있었다. 분명히 하나님이 도우시든가 아니면 패배할 판이었다.

10:9~10 승리를 언약한 하나님의 약속에 의지하여 **여호수아**는 아모리 족속의 군대를 기습 공격했다. 아직 어두컴컴했을 때 공격을 받아 공포에 사로잡힌 적은, 잠깐 저항하다 많은 사람이 죽임을 당한 후에 붕괴되어 서쪽으로 **혼비백산**하여 도망쳤다. 그들이 도망친 길은 아얄론 골짜기로 내려가는 좁은 길이었고, 이스라엘 백성은 그 뒤를 맹렬히 좇아갔다.

10:11 아모리 족속은 아무리 해도 도망칠 수 없었다. 이스라엘을 지원하기 위해 **여호와**께서 큰 우박을 적의 머리 위에 정확하게 내리셨기에 칼로 죽은 사람보다 우박으로 죽은 사람이 더 많았다.

이 구절 전체는 인간과 하나님이 함께 역사하여 승리하는 장면을 보여 준다. 그들은 모두 전쟁에서 중요한 역할을 담당했다. 군인은 싸웠고 하나님은 승리를 주셨다.

10:12 그러나 그날의 벤호론에서의 전투는 시간이 점점 지나갔고, 여호수아는 적을 추격하는 일에 많은 시간이 든다는 것을 알았다. 그에게는 시간이 더 필요했다. 그래서 여호수아는 여호와께 비정상적인 요청을 간구했다. 태양아 너는 기브온 위에 머무르라. 달아 너도 아얄론 골짜기에서

그리할지어다.

10:13~15 여호수아가 이 기도를 드릴 때는 뜨거운 태양이 머리 위를 내리쬐는 정오였다. 달은 서편 지평선에 있었다. 여호와께서 여호수아의 간구에 신속히 응답하셨다. 여호수아는 믿음으로 기도했고 기적이 일어났다. 그러나 이 기적에 대한 기록은 성경과 과학 시이에 벌어지는 가장 대표적인 논쟁 중의 하나이다. 왜냐하면 잘 알다시피 낮과 밤이 되는 것은 태양이 지구 둘레를 돌기 때문이 아니라 지구의 축이 회전하기 때문이다. 그 당시 여호수아는 왜 지구에게 말하지 않고 태양에게 말했을까? 그것은 간단하다. 그는 관찰자의 입장에서 말했기 때문이다. 그는 지구 위에서 나타나는 관점에서 말했던 것이다. 이것은 심지어 과학적인 집단에서도 똑같이 말한다. 달력이나 신문에도 해 뜨는 시간과 해 지는 시간이 기록되어 있다. 그러나 아무도 그들이 과학적으로 잘못됐다고 비난하는 사람은 없다.

어쨌든 여호수아 10장에 나오는 기적은 설명되어야 한다. 실제로 이런 이상한 날이 일어날 수 있을까? 대답은 여러 가지이다(일식, 태양이 구름에 가리움, 햇빛의 굴절 등등). 그러나 가장 좋은 설명은 여호수아가 기도한 응답으로 하나님이 지구의 회전을 천천히 하여 24시간 돌 것을 48시간 돌게 하셨다는 것이다. 이 견해는 12절 하~13절 상에 나오는 시(poem)와 13절 하에 나오는 산문(prose)의 지지를 받는다(야살의 책은 이스라엘 지도자들의 업적을 찬양하는 시들을 수집한 히브리 문헌이다. 참조, 삼하 1:17~27에 나오는 다윗의 "활의 애가").

지구의 회전이 느려졌다는 증거는 여호수아 10장 13절 끝 부분에 나온다. 태양이 중천에 머물러서 거의 종일토록 속히 내려가지 아니하였다.

태양이 이렇게 비정상적으로 천천히 움직였기에 여호수아와 그의 군인들은 전쟁을 승리로 이끌기에 충분한 시간을 얻었다.

한 가지 그냥 지나가서는 안 될 중요한 사실은 태양과 달은 가나안 사람들에게 주요한 신들이었다는 점이다. 이스라엘 지도자의 기도에 가나안의 신들은 복종할 수밖에 없었다. 그들의 신들이 이렇게 꼼짝 못하는 것은 가나안 사람들에게 놀랍고 두려운 일임에 틀림없었다. 가나안 연맹군에 대한 이스라엘 승리의 비밀은 다음에 있다. 여호와께서 이스라엘을 위하여 싸우셨음이니라! 기도의 응답에서 이스라엘은 그들을 위한 하나님의 극적인 도우심을 경험했고 승리를 확신했다.

c. 전쟁을 마무리 짓다(10:16~43)

10:16~24 낮이 길어진 덕분에 여호수아는 적을 계속 추격할 수 있었다. 다섯 왕은 이스라엘과 싸우려고 견고한 성읍을 내버려 두고 나왔다. 이제 여호수아는 그들이 성으로 다시 돌아가지 못하게 했다. 다섯 왕이 동굴 안에 숨어 있다는 말을 듣자, 여호수아는 다섯 왕을 상대하기보다는 아모리 군사를 맹렬히 추격하여 거의 대부분을 죽였고, 단지 소수만이 그들의 요새인 성으로 들어갔다. 그리고 지키게 했던 동굴로 돌아온 여호수아는 왕들을 잡아내어 처형시켰다. 이집트나 앗시리아의 기념비에서 볼 수 있는 동방 정복자의 관습에 따라, 여호수아는 먼저 그의 군장들을 시켜 발로 왕들의 목을 밟게 했다. 이것은 패배한 적을 완전히 정복했다는 표시였다.

10:25~27 그리고 여호수아는 하나님이 그에게 하신 말씀과 똑같은 말

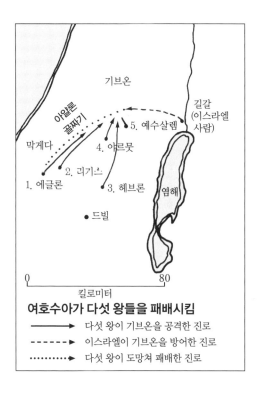

여호수아가 다섯 왕들을 패배시킴

━━━▶ 다섯 왕이 기브온을 공격한 진로
------▶ 이스라엘이 기브온을 방어한 진로
..........▶ 다섯 왕이 도망쳐 패배한 진로

을 사용하여, 그의 군인들에게 두려워하지 말며 놀라지 말고(참조, 1:9; 8:1) 강하고 담대하라고 말했다(참조, 1:6~7, 9). 아모리 왕들에 대한 승리는 장차 가나안에서 있을 이스라엘의 승리의 표본이었다. 여호수아는 "너희가 맞서서 싸우는 모든 대적에게 여호와께서 다 이와 같이 하시리라"고 말하면서 왕들을 죽이고 그 시신들을 해 질 때까지 나무에 달아 놓았다(참조, 8:29). 그 후 시체들을 동굴 안으로 집어 던지고 이전처럼 큰 돌로 굴 어귀를 막아 놓았다(10:18). 이 돌들도 이스라엘이 가나안에서 거둔 승리의 행진을 기념하는 또 다른 기념비가 되었다.

10:28~39 다섯 왕과 그들의 군대가 패배하게 됨으로 남부 가나안의

운명이 결정지어졌다. 일련의 신속한 기습 공격으로 **여호수아**는 주요 군사기지들을 파괴시켰다. 먼저 그는 막게다(28절), 립나(29절), 라기스(31절), 에글론(34절)을 탈취했다. 이들 성들은 북쪽에서 남쪽으로 들쑥날쑥하기는 하지만 대체로 한 줄로 늘어서서 남쪽 대로로 접근하는 길들을 막고 있었다. 수세기 후에 산헤립과 느부갓네살 왕이 똑같은 전략으로 유다를 공격했다.

여호수아는 그다음, 남부 지역의 중심부로 뛰어 들어가 중요한 두 성, 헤브론(36절)과 드빌(38절)을 패배시켰다. 그러나 예루살렘과 야르뭇, 다섯 동맹군 중의 두 성읍은 그냥 지나갔다. 야르뭇을 패배시킨 이야기를 왜 언급하지 않는지 아무런 설명도 없다. 예루살렘에 대해서는 의심할 것도 없이 이스라엘 군대가 너무 지쳐 있어서 예루살렘이라는 어려운 상대와 싸우고 길갈에 있는 진지로 돌아가기는 힘들었기 때문이다. '섬'과 같은 존재인 예루살렘은 후에 다윗 왕에 의해 정복되기 전까지 유다와 베냐민에게는 골칫덩어리였다(삼하 5:7).

10:40~43 이스라엘 남방에서의 전투의 범위가 어느 정도까지인가는 40~41절에 정리되어 있다(참조, 11:16). 고센 땅은 애굽에 있는 고센이 아니라(창 45:10; 46:34; 47:1, 4, 6) 아마도 남부 가나안 드빌 주위일 것이다. 고센이란 이름은 드빌이 포함된 산지의 성읍 11개 중 하나였다(수 15:48~51). 여호수아 10장에 나오는 인상적인 승전 기록은 다음의 구절로 더욱 분명해진다. 이스라엘의 하나님 여호와께서 이스라엘을 위하여 싸우셨으므로 여호수아가 이 모든 왕들과 그들의 땅을 단번에 빼앗으니라.

이러한 자신감을 가지고 **여호수아**와 그의 지친 군대는 길갈로 돌아와 그들의 과업을 완수할 준비를 했다.

D. 북부 전투(11:1~15)

남방에서 힘든 전투를 한 후 여호수아는 힘을 회복하기 위해 긴 시간을 소비할 수 없었다. 왜냐하면 북부에서 대규모 연합군의 너 큰 도전을 받아야 했기 때문이다. 그러나 그는 상대할 만한 능력이 있었다.

이스라엘의 지도자는 군사적인 천재이자 동시에 영적인 거인들이었다. 군사적으로 그의 작전은 교묘했다. (1) 그의 전쟁은 모두 공격적인 전투였다. 그는 적이 공격할 것 같으면 자신이 먼저 공격했다. (2) 그는 상대방을 놀라게 하는 방법을 사용했다(예를 들면, 기브온을 포위하고 있는 다섯 왕에게 한 것. 10:9; 메롬 물가에 있던 많은 왕들에게 한 행동. 11:7; 그리고 아이 사람들을 유인해 낸 일. 8:14~19). (3) 그는 군사들을 보내어 쉬고 있는 적들을 괴롭혀 그들이 자기 성으로 들어가지 못하게 했다(10:19~20).

영적으로 여호수아는 백성에게 모범적으로 봉사했다. 자기의 정탐꾼들이 라합에게 한 약속을 지켰다. 속임수를 쓴 기브온 족속들과의 신의도 지켰다. 그는 자신의 지위를 사적인 이득을 위해 사용할 수도 있었으나 그렇게 하지 않았다.

이러한 지도자의 지도 아래 정복 사업은 마지막 장면으로 들어선다.

1. 가나안 동맹군(11:1~5)

11:1~3 여호수아가 남쪽을 유린하자 북방에 있는 가나안 왕들은 경악

을 금치 못했다. 하솔의 왕 **야빈**은 필사적으로 이스라엘 군대가 가나안 땅을 정복하지 못하도록 갖은 수단을 썼다. 만일 그가 기브온에 있는 이 스라엘을 분쇄시키기 위해 출병한 아도니세덱의 남방 동맹군과(10:1~3) 연합을 했더라면 그의 시도는 보다 더 성공적이었을지도 모른다. 그러나 하나님은 야빈을 움직이지 못하게 하셨고, 이제 그는 위기에 부딪혀 공포 에 질려 행동할 뿐이었다.

전령들은 동서남북으로 급히 달려가 위험을 호소했다. 이것은 마치 훗날에 사울이 이스라엘 백성에게 훗날에 했던 것과 비슷했다. 그때 사 울은 소를 잡아 조각을 내어 "사울과 사무엘을 따르지 아니하면 그의 소 들도 이와 같이 하리라"고 하면서 급히 사람을 보냈다(삼상 11:7). 긴네 롯(혹은 긴네렛, 수 11:2; 13:27; 19:35. 참조, 민 34:11; 신 3:17; 왕상 15:20)은 갈릴리 바다의 옛 이름이며 해변 근처 마을 이름이기도 하다. '긴네롯'은 하프(비파)를 뜻하며 호수가 비파 모양으로 생겼다고 붙여진 이름이다. 신약 성경에서 갈릴리 바다는 때로 게네사렛 호수로 불리는데 이것은 히브리 긴네롯을 헬라어 철자로 바꾼 것이다(예, 눅 5:1).

11:4~5 북쪽 왕들 사이에는 아무런 애정도 없었지만 전멸의 위협이 그 들로 동맹을 맺게 했고, 그들은 긴네롯 바다 북서쪽에 있는 **메롬 호수** 근 처의 평야에 회합했다.

연합군은 대단했다. 바닷가의 모래와 같이 많은 군사들뿐 아니라 엄 청난 말과 수레도 가지고 있었다. 1세기의 유대인 역사가 요세푸스는 이 북방 연합군이 30만 명의 보병과 만 명의 기병, 2만의 전차를 가진 것으 로 계산했다.

그들의 전력은 이스라엘을 압도하는 것 같았다. 그런데도 여호수아는 이 전투에서 어떻게 이길 것을 희망할 수 있었을까?

2. 전쟁(11:6~15)

가나안 족속들의 막강한 군대는 메롬 물가에 진을 치고 있었다(5절). 아마 그들의 작전은 거기서 부대를 편성하고 전략을 짠 후 요단 골짜기로 내려와 길갈에 있는 여호수아를 공격하려는 것이었다. 그러나 여호수아는 그들이 그에게 올 때까지 기다리지 않았다. 사실 그는 그의 기지에서 닷새길 되는 메롬으로 이미 행군 중이었다. 행군하는 동안 그에게는 그를 기다리고 있는 엄청난 군대에 관해 생각할 시간이 많았다. 의심할 것도 없이 그는 그의 앞에 어렴풋이 보이는 전투의 양상을 생각하면서 공포에 떨었을 것이다.

11:6 그때 하나님께서 말씀하셨다. 하나님이 여호수아에게 주신 약속은 매우 분명했다. 그들로 말미암아 두려워하지 말라(참조, 1:9; 8:1). 내일 이맘때에 내가 그들을 이스라엘 앞에 넘겨주어 몰살시키리니. 이것이야말로 여호수아가 절실히 필요로 했던 것이었다. 이스라엘의 지도자는 하나님이 만만치 않은 적을 맞아 승리를 주실 줄로 믿었다. 하나님은 심지어 여호수아에게 말들의 뒷발의 힘줄을 끊고 그들의 병거를 불사르라고까지 자세히 말씀해 주셨다(참조, 11:9 주해).

11:7~9 다음 날 여호수아는 메롬 물가에 있는 적을 급습하여 서쪽으로는 해안선까지(큰 시돈과 미스르봇 마임까지), 동쪽으로는 미스바 골짜기까지 추격했다. 여호수아는 하나님의 말씀을 충실히 지켜 적들을 모두

죽이고 병거를 불사르며 그들의 말들의 힘줄을 끊었다.

그러나 왜 하나님은 병거를 불사르고 말의 힘줄을 끊는 극적인 행동을 요구하셨을까? 이유는 가나안 족속들이 말들을 그들의 우상 숭배에 사용했기 때문이다(후에 유다 나라도 그렇게 했다. 참조, 왕하 23:11). 또한 이스라엘이 하나님을 신뢰하는 대신 새로운 전쟁 무기를 믿을 위험도 있었다. 시편 기자 다윗은 말하기를 "어떤 사람은 병거, 어떤 사람은 말을 의지하나 우리는 여호와 우리 하나님의 이름을 자랑하리로다"라고 했다(시 20:7).

11:10~14 북부 가나안 전투의 두 번째 단계는 **여호수아가 적들을 격파**하고 돌아와서 모든 성읍들을 **탈취**하는 일이었다. 그런데 **하솔**은 특별히 취급된 유일한 성읍으로, 아마 고대 팔레스틴의 최대의 도시였기 때문인 것 같다(므깃도가 만 7천평, 여리고가 9천 800평인 것에 비해 하솔은 24만 5천평이다). 엄청난 전략적인 중요성을 차지하고 있는 하솔은 애굽에서 시리아로, 그리고 앗시리아와 바벨론으로 가는 고대 대로(大路)를 지배하고 있었다. 이렇게 무역로에 위치하였기에 도시는 부강하게 되었다. 북부 성읍들 중에 하솔만이 불살라졌다. 여호수아가 다른 성읍들은 후에 이스라엘 백성이 사용하기 위해 남겨 두었지만, 모든 왕국의 으뜸인 하솔만큼은 본보기로 처치했다. 가나안 족속들은 그 위대한 하솔이 피할 수 없었다면 그 어느 성도 여호수아가 명령하면 불태워질 수 있다는 사실을 알게 되었다.

11:15 이렇게 해서 북쪽에서도 결정적인 승리를 거두었다. 그리고 그 비결은 하나님께 순종한 것이었다. **여호수아는 그대로 행하여 여호와께서 모**

세에게 명하신 모든 것을 하나도 행하지 아니한 것이 없었더라.

E. 승리를 회고함(11:16~12:24)

북쪽에서의 승리는 가나안 정복을 형식적으로는 끝이 나게 했다. 가나안 땅이 각 지파들에게 얼마나 분배되었는지에 관해 기록하기 전, 저자는 잠시 가나안에서의 이스라엘의 승리를 다시 한번 점검하고 정리하고 있다. 그는 정복한 지역들과(11:16~23) 왕들을(12장) 기술하였다.

1. 정복한 지역들(11:16~23)

11:16~17 여호수아와 그의 군대가 싸운 전쟁은 남에서 북, 동에서 서, 끝에서 끝에 이른다. 산지, 네게브, 고센, 아라바 등은 가나안의 중앙과 남부를 뜻한다(참조, 10:40). '네게브'는 사해바다 남서쪽에 있는 사막이고 '아라바'는 사해바다 남쪽 지역이다. 할락 산은 남부 사막에 위치하며 바알갓(정확한 위치는 알려져 있지 않음)은 아마 갈릴리 바다 북쪽 48~64킬로미터의 레바논 골짜기에 있었던 것 같다.

11:18~20 정복의 기간은 오랫동안 지속됐다. 드물게 그런 적도 있기는 하지만, 승리는 쉽게 또는 빨리 오지 않았다. 모든 전투 가운데도 오직 한 성읍, 기브온만이 평화를 추구했다. 나머지들은 전쟁으로 얻어졌다. 그것은 하나님이 그들의 마음을 완악하게 하여(참조, 출 4:21; 8:15)

이스라엘과 싸우게 함으로 그들이 멸망당하도록 하셨기 때문이다. 가나안 족속들에게 은혜의 날은 지나갔다. 그들은 그들의 본성과(시 19:1; 롬 1:18~20) 양심에(롬 2:14~16) 비추는 하나님의 계시를 거역하고 죄를 지었다. 그들은 홍해와 요단 강, 그리고 여리고에서 일어난 하나님의 기적적인 역사들에도 불구하고 거역했다. 이제 주 하나님은 그들을 심판하시기 전에, 회개치 않는 민족의 마음이 완고한 불신앙 상태로 있도록 내버려 두셨다.

11:21~22 여기에 45년 전 정탐꾼들을 공포에 질리게 했던 거인들인 아낙 사람들에 대한 언급이 조금 나온다(참조, 민 13:33; 수 14:10). 그들에 대해 "누가 아낙 자손을 능히 당하리요"(신 9:2)라는 말이 있었다. 그러나 여호수아 손에 그 천하무적의 원수들이 완전히 **멸망당했다**. 단지 소수만 가사, 가드, 아스돗에 남겨졌는데 여호수아가 그들을 남겨 두어서는 안 되는 것이었다. 왜냐하면 다윗 시대에 가드 출신의 골리앗이 이스라엘과 그의 하나님을 모욕했기 때문이다(삼상 17장).

11:23 이 부분에는 여호수아서 전체 내용이 요약되어 나타난다. 여호수아가 온 땅을 점령했다(참조, 16절). 이것은 1~11장에 나오는 정복 사건을 집약해서 보여 준다. 그리고 이스라엘 지파의 구분에 따라 기업으로 주었다는 말은 앞으로 있을 13~22장의 토지 분배를 요약한 말이다.

그러나 "여호수아가 온 땅을 점령했다"는 말은 "얻을 땅이 매우 많이 남아 있다"(13:1)는 말과 비교할 때 어떻게 이해될 수 있을까? 히브리 사고에서는 부분이 전체를 대표한다. 여호수아가 온 땅을 점령했다는 말은 여호수아가 온 땅 중에서 중요한 지점들을 점령했다는 의미이다.

A. J. 마틴은 가나안 정복기사를 정밀하게 분석했다. 그는 여호수아가 점령한 대표적인 지역들의 지리적인 구분들을 조사했다. 해안의 고원지대, 중앙의 고원, 요단 골짜기, 요단 동편의 고원 등이 그가 점령한 지역들인데, 어느 한 지역도 완전히 그냥 지나친 곳은 없었다. 여호수아는 진실로 온 땅을 빼앗은 것이었다. 인간의 지혜에 의지하지 않고 하나님의 말씀을 따를 때 하나님의 약속내로 된 것이나(참조, 1:8). 마지막 구절은 그 땅에 전쟁이 그쳤더라(11:23)로 14장 15절에도 나온다.

2. 정복한 왕들(12장)

1장에서 시작한 이야기가 끝이 나는 12장에서 이스라엘에게 패배당한 왕들의 목록들이 나온다. 앞장에서는 중요한 전투만을 기록했으나 여기서는 정복한 왕들을 빠짐없이 기록하였다. 그렇다고 해서 이스라엘이 이들 성읍들을 다 점령했다는 것은 아니다. 확실히 여호수아에게는 각 지역마다 수비대를 배치할 만한 충분한 인력은 없었을 것이다. 여호수아는 이들 성읍들을 지파들이 각각 차지하기를 바랐다.

12:1~6 제일 먼저 모세의 인도 아래 요단 동편에서 거둔 승리가 기록되어 있다. 이것은 시혼과 옥에서 거둔 중요한 승리들다. 시혼은 아라바 바다(염해, 사해라고도 불림) 중간 정도인 아르논 골짜기에서 긴네롯 바다까지 남북으로 144킬로미터 가량 뻗어 있는 땅을 다스렸다. 옥은 시혼 북부 경계에서 북쪽으로 96킬로미터까지 펼쳐져 있는 땅을 다스렸다(참조, 민 21:21~35; 신 2:24~3:17). 이 영토들은 르우벤과 갓, 그리고 므낫세 반(¾) 지파에게 주어졌다(참조, 민 32장, 수 13:8~13. 그술과 마아갓에

대해서는 13:13에 나옴).

12:7~24 이 부분에서는 남부 가나안의 16명의 왕이 나오고(9~16절) 그 뒤에 북부 가나안의 15명의 왕이 나온다(17~24절).

남북으로 약 240킬로미터, 동서로 약 80킬로미터의 땅덩어리에 31명의 왕이 있었다는 것은 놀랍다. 그러나 이들 왕들은 단지 도시국가를 지배하며 지역적인 통치권만을 가졌음을 기억해야 한다. **예루살렘**(10:1~5)과 **하솔**(11:1~5)에 의한 왕들의 동맹을 제외하고는 가나안에 중앙 정부가 없었다는 사실은 이스라엘 백성들이 가나안 땅을 보다 쉽게 정복하게 만들었다.

여호수아가 승리한 것에 관해 어떤 작가는 이렇게 말했다. "이보다 더 위대한 전쟁은 결코 없었다. 워털루 전쟁은 유럽의 역사를 바꾸어 놓았지만 가나안에서의 일련의 전투는 세계의 운명을 바꾸었다"(Henry T. Sell, *Bible Study by Period*. Chicago: Fleming H. Revell Co., 1899, 83).

III. 가나안 분배(13~21장)

A. 르우벤, 갓, 므낫세 반(半) 지파의 몫(13장)

주요한 전투가 끝나고 이스라엘이 가나안에 살게 되자 노련한 군인인 여호수아는 행정가가 되었다. 피 흘리며 전쟁으로 얻은 땅은 여러 지파들에게 할당되어야 하며 여호수아는 이 중대한 작업을 감독하게 되었다.

많은 사람들에게 이 부분은 지역 경계와 성읍들의 자세한 목록이어서 지루하게 느껴진다. 누군가 말했다. "이 지루한 부분은 마치 토지증서를 읽는 것 같다." 그런데 사실 이 긴 이야기에서 발견할 수 있는 것이 바로 12지파에게 분배된 지역에 관한 법적인 기록인 것이다. 그래서 이것은 중요한 문서이며 불필요한 것으로 간주되어서는 안 된다.

이것은 신생 국가에 있어서 절정의 순간이었다. 수백 년 애굽에서 노예살이를 한 후 수십 년간 메마른 광야에서 지내고, 수년간 가나안에서의 악전고투 끝에 마침내 이스라엘 백성이 집을 짓고 정착할 시간이 온 것이다. 즉 땅을 가꾸고 가문(家門)을 일으키며 자신의 땅에서 평화롭게 살 시간이 온 것이다. 그렇기 때문에 땅을 분배하는 하루하루는 이스라엘에게는 행복한 시간이었다.

1. 땅을 분배하라는 하나님의 명령(13:1~7)

13:1상 하나님은 여호수아에게 요단 서편 땅을 분배하라고 지시하셨다.

그의 나이가 많았기 때문이다. 여호수아는 110세에 죽었기 때문에 아마 이때 최소한 100세가 되었을 것이다. 하나님이 여호수아에게 주신 사명에는 땅을 정복하는 일만이 아니라 그것을 각 지파들에게 나누어 주는 일도 포함되어 있었다. 그러므로 그는 이 새로운 과제를 위해 신속히 움직였다.

13:1하~7 아직 취하지 못한 땅이 남에서 북에 이르기까지 기록되어 있다. 블레셋, 여기서 가나안 사람의 땅이라고 불린 페니키아(수 13:4), 레바논(5~6절)이었다. 이 모든 땅은 이제 아홉 지파와 반(半) 지파의 몫이 될 것이다. 하나님께서는 모든 적을 쫓아 주실 것을 약속하셨다.

2. 동쪽 지파에게 준 땅(13:8~33)

13:8~13 여호수아는 이미 모세에 의해 요단 동편에서 분배한 것을 다시 확인하였다. 르우벤, 갓, 므낫세 반 지파는 가축을 많이 소유하고 있어서 요단 동편 기름진 땅에 정착하기를 갈망하였다. 그러나 남자들이 그의 형제를 따라 가나안에서 싸워 이긴 후에야 모세는 그들에게 땅을 주기로 하였다(민 32장). 요단 동편에 대한 자세한 기록이 나오는데 그술과 마아갓은 이스라엘이 빼앗지 못했으며 그 이유는 밝혀지지 않았다. 이들 나라들은 긴네롯(갈릴리) 바다 북동쪽에 위치하였다.

13:14 레위 지파는 다른 지파들과 같이 영토를 받지 못했다(33절. 참조, 14:3~4; 18:7). 그 대신 레위는 가축들을 위한 들판이 있는 48개의 성읍을(14:4; 21:41) 모세가 지시한 대로(민 35:1~5) 받았다.

13:15~32 르우벤은 전에 모압이 소유했던 사해 동편의 **영토**를 차지했다(15~23절). 갓 지파는 중앙 지대인 길르앗에 거주했다(24~28절). 므낫세 반 지파의 몫은 긴네롯의 바다 동편의 비옥한 바산 고원이었다(29~31절).

땅이 분배되기 수백 년 전 야곱은 그의 아들들에 관해 예언을 했다. 그의 첫째 아들 르우벤에 대해 예언했다(창 49:3~4. 침조, 35:22). 르우벤은 장남이어서 두 몫을 받을 자격이 있지만(신 21:17) 실제로 그것을 받을 수는 없었다. 르우벤의 범죄에 대한 처벌은 400년이 지난 지금 그의 후손에게 내려졌다. 장남이 받을 두 몫은 그의 동생 요셉에게 넘겨져 에브라임과 므낫세가 각각 받았다(창 48:12~20).

두 지파와 반(半) 지파가 요단 동편에 거주하기로 한 것은 현명한 일이었을까? 역사는 아니라고 대답하는 것 같다. 그들의 영토는 동쪽에 자연적인 경계가 없는 까닭에 끊임없이 모압 족속, 가나안 족속, 아랍 족속, 미디안, 아말렉 등의 침입을 받아야 했다. 그리고 앗시리아의 왕이 가나안을 탐내자 르우벤, 갓, 므낫세 반 지파는 제일 먼저 앗수르 군대에 의해 포로로 잡혀갔다(대상 5:26).

13:33 이들 지파가 풍족한 기업을 받는 것과 대조적으로 레위 **지파**는 아무런 기업도 받지 못했다는 사실이 다시금 강조된다(14, 33절). 이것은 이상하게 보인다. 그러나 좀 더 조사해 보면 레위 **지파**에게는 영토 대신에 번제물이나(13:14), 제사장직(18:7), 그리고 **여호와 자신이**(13:33) 기업이 됨을 알 수 있다. 이보다 더 큰 **기업**을 생각할 수 있을까?

두 지파와 반 지파는 롯이 그랬던 것처럼(창 13:10~11) 겉만 보고 선택했고 그 후 그들은 그들의 기업을 영원히 잃게 되었다. 반대로 레위 지파는 신령한 기업을 분깃으로 받았다.

B. 갈렙의 분깃(14장)

1. 소개(14:1~5)

14:1~5 요단 동편에서 모세에 의해 이루어진 분배에 대한 기록이 있은 후, 나머지 아홉 지파와 반 지파에게 가나안 땅을 나눈 것을 보고한다. 가나안을 할당하는 방법 역시 독특하다. 즉 제비를 뽑아 정하는 것이다 (14:2; 18:8; 19:51). 여호와께서는 모세에게 각 지파에게 제비를 뽑아 장소를 정하되 인구에 비례하여 영토를 주라고 지시하셨다(민 26:54~56).

2. 가데스 바네아에서의 갈렙(14:6~9)

14:6~9 제비를 뽑을 날이 오자 첫 번째로 땅을 차지할 유다 지파가 길갈에 모였다. 제비를 뽑기 전 '이스라엘의 노장' 갈렙은 여호수아에게 여호와께서 그에게 45년 전에 하신 약속을 상기시켰다. 그가 "온전히 여호와께 순종하였은즉 … 그가 밟은 땅을 내가 그와 그의 자손에게 주리라" (신 1:36). 갈렙의 생명은 서서히 쇠퇴해 가고 있었으며 그는 하나의 선택을 해야 했다. 그가 가장 원했던 것은 무엇일까? 여호수아에게 인상적인 말을 하는 가운데 그는 그의 삶에 있어 절정이었던 순간을 돌이켜 보며 자신의 요구를 밝혔다. 그의 짧은 전기(傳記)에서 최고의 사건은 광야를

방랑하던 때인 가데스 바네아에서의 일이었다.

갈렙은 이 구절에서 그니스 사람 여분네의 아들로 소개된다. 창세기 15장 19절에 의하면 그니스 족속은 아브라함 시대에 가나안 족속 중의 하나였다. 그때 갈렙의 가족은 겐 사람 헤벨(삿 4:17)이나 모압 사람 룻(룻 1:1~5), 헷 사람 우리아(삼하 11:3, 6, 24) 등과 같이 이스라엘의 언약과 복과는 본래 관계기 없었다. 출애굽을 하기 선 그니스 사람의 일부가 유다 지파와 합류한 것은 분명하다. 그들의 믿음은 혈통에 의한 것이 아니라 확신의 결과였다. 그리고 갈렙은 그러한 믿음을 그의 전 생애를 통해 나타냈다.

사령관 여호수아 앞에 서서 그의 오래된 친구이자 동료 정탐꾼이었던 (민 14:6) 85세의 갈렙은(수 14:10) 45년 전, 결코 잊을 수 없는 시절에 대해 이야기했다. 그때 그들 중 두 사람은 다른 10명의 정탐꾼과 겁먹은 군중들과 반대하여 따로 섰다. 모세가 가나안에 12명의 정탐꾼을 보냈고 (민 13:2) 그들 중 2명은 갈렙과 여호수아였다(민 13:6, 8). 정탐꾼이 돌아왔을 때 그들 중 10명이 가나안 땅 자체를 찬양했으나 이스라엘은 그것을 정복할 수는 없다는 결론을 내렸다(민 13:27~29, 31~33). 그러나 갈렙은 감히 그것에 반대했다(민 13:30). 그리고 군중의 두려움이 반란의 상태까지 이르렀을 때 여호수아는 그의 동료와 합세하여 사람들에게 하나님이 승리하게 하실 것을 믿도록 권했다(민 14:6~9). 불신적인 정탐꾼들과 민중을 반대한 갈렙의 지도력으로 인해 하나님은 그를 골라내어 복주셨고 특별한 보상을 약속하셨다(민 14:24; 신 1:36).

갈렙의 증언(수 14:6~12)은 간단했다. 그는 그가 확신에 따라 행동했던, 기억할 만한 지난 시절을 말했다. 그는 문제를 축소시키지 않았으나 (거인들과 요새들에 대해) 하나님을 크게 보이게 했다. 그에게 하나님은 어떠한 문제보다 더 컸다. 갈렙은 하나님의 능력을 믿었다. 그러나 다른 정탐꾼들은 그렇게 하지 않았다. 그들은 문제들을 크게 확대시켰고, 그렇게 해서 하나님을 축소시켰다. 그러나 갈렙은 군중들을 따르지 않았다. 그는 그 문제 때문에 그의 확신을 희생시킬 생각을 한 번도 하지 않았다. 그 대신 그는 그의 여호와를 온전히 따랐다(참조, 14절).

3. 광야 방랑과 가나안 정복 기간 동안의 갈렙(14:10~11)

14:10 갈렙이 수년 동안 그에게 보여 주신 하나님의 신실성을 회고함에 따라 자전적(自傳的)인 이야기도 계속되었다. 먼저 그는 하나님이 약속하신 대로 자기를 지난 45년 동안 살아 있게 하셨다고 확신했다. 실제로 갈렙은 두 가지 약속을 받았다. 하나는 그의 수명이 길 것이라는 약속이었고, 다른 하나는 그가 용감하게 정탐했던 헤브론 근처의 영토를 언젠가는 차지하리라는 약속이었다. 그러나 45년이란 세월은 약속의 성취를 기다리기에는 오랜 시간이었다. 그럼에도 갈렙은 광야 방랑의 지루한 시간들을 기다렸다. 갈렙은 하나님의 약속을 분명히 믿었다. 하나님의 약속이 어려운 시기에 그를 지탱시켰다.

갈렙의 발언은 이스라엘에 의한 가나안 정복의 기간을 결정하는 데 정보를 제공한다. 갈렙은 자기가 정탐하러 갔을 때 40세였다고 말했다(7절). 광야 방랑은 38년간 계속되었고 따라서 정복을 시작할 무렵 갈렙의 나이는 78세였을 것이다. 그리고 정복이 끝났을 때 갈렙이 자신의 나이가 85세라고 했으므로 정복은 7년간 계속된 것이었다. 이것은 가데스 바네아 이후 45년 동안(38년의 광야 방랑에 7년의 정복) 하나님이 은혜로 지켜 주셨다는 갈렙의 언급에서 확인된다.

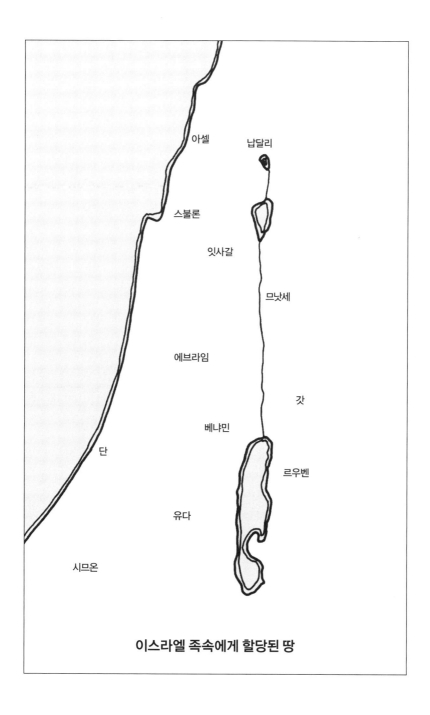

아셀

납달리

스불론

잇사갈

므낫세

에브라임

갓

베냐민

단

르우벤

유다

시므온

이스라엘 족속에게 할당된 땅

14:11 80대의 사람에게 흥미 있는 것은 갈렙이 85세임에도 40대와 같이 힘이 왕성하다고 말한 점이다.

4. 헤브론에서의 갈렙(14:12~15)

14:12~14 갈렙은 놀라운 요구를 함으로 그의 연설의 끝을 맺는다. 85세의 나이에, 다른 사람 같으면 화초나 재배하면서 여생을 보내며 조용한 땅을 요구했을 나이에, 그는 10명의 정탐꾼을 두렵게 만들었던 그 지역의 땅을 달라고 요구했다. 이 땅은 전에 하나님이 하신 약속이 성취되기를 그가 바랐던 자신의 기업이었다. 나이가 먹은 사람들은 새로운 것을 찾기보다 옛날 전투에 관해 이야기하기 쉽지만 갈렙은 더 훌륭한 전투를 할 준비가 되어 있었다. 그는 헤브론에 사는 아낙 족속과 싸워 그 성을 자기 소유로 삼기를 원했다. 갈렙은 크나큰 과제를 선택했다. 그러나 그는 자신의 능력에 대한 자신감에 차 있었던 것이 아니라 하나님이 자기와 함께하신다는 사실을 믿었다. 갈렙은 하나님의 임재를 믿었던 것이다.

그는 눈을 번쩍이며 강한 목소리로 결론짓기를, "여호와께서 나와 함께하시면 내가 여호와께서 말씀하신 대로 그들을 쫓아내리이다"라고 말했다. 그리고 그는 여호수아가 기록한 대로(수 15:13~19) 그들을 쫓아냈다. 갈렙의 요구에 대한 여호수아의 대답은 두 가지였다. (1) 그는 갈렙을 축복했다. 즉, 하나님의 능력이 그를 풍요하게 하며 그의 일을 성공시키리라고 빌었다. (2) 여호수아는 그에게 이 땅을 주는 것은 합법적인 언약에 의한 것임을 밝히면서 헤브론을 그에게 주었다.

14:15 헤브론의 옛 이름이 기럇 아르바였다는 역사적인 설명을 하면서

이야기는 끝난다. 아르바는 아낙 족속 중 거인이었다. 이 부분도 그 땅에 전쟁이 그쳤더라는 말로 끝을 맺는다(똑같은 표현이 11:23절에 나온다).

C. 아홉 지파와 반(半) 지파의 몫(15:1~19:48)

1. 유다 지파와 몫(15장)

15:1~12 갈렙의 요구는 당연했고 여호수아에게는 이제 아홉 지파와 반 지파에게 요단 서편 땅을 나누는 일만 남았다. 유다는 다른 지파보다 가장 큰 지파인 만큼 제일 먼저 기업을 받았다. 유다에 대한 야곱의 예언은 놀랍게 성취되었다. 첫째, 유다는 적에게 둘러싸였다(창 49:8~9). 모압 족속은 동쪽에, 에돔 족속은 남쪽에, 아말렉 족속은 남서쪽에, 블레셋은 서쪽에 있었다. 그러므로 무서운 원수들에 의해 둘러싸인 유다는 다윗과 같은 강력한 지도자가 필요했다. 둘째로, 유다에게 할당된 땅은 포도원을 경작하기에 적당한 땅이었다(창 49:11~12). 정탐꾼들이 엄청나게 큰 포도송이를 수확해 온 에스골 골짜기가 그 근처에 있었다(민 13:24). 셋째로 유다는 메시아가 나올 지파였다(창 39:10; 마 1:1, 3; 눅 3:23, 33).

유다의 남쪽 경계는 사해 남쪽 끝에서부터 서쪽으로 **애굽의 시내**(엘-아리쉬 와디)에 이른다(수 15:2~4). **북쪽 경계**는 사해의 북단에서 서쪽으로 대해, 지중해에 이른다(5~12절). 이들 사해와 지중해가 동쪽과 서쪽의 경계선이 된다. 여호수아가 남방 전투(10장)에서 획득한 땅은 비옥한 지역도 있지만 대부분 산이고 황량한 곳이었다.

15:13~19 유다의 몫에는 갈렙에게 주기로 한 헤브론(기럇 아르바. 참조, 14:15)도 포함된다. 이 용감한 용사가 어떻게 기업을 넓혔으며(여호수아의 사후), 그의 사위가 되고(삿 1:1, 10~15, 20) 사사가 될 조카 옷니엘(삿 3:9~11)이 어떻게 그를 도왔는지에 대한 기록이 나온다.

15:20~63 유다의 성읍들이 네 개의 중요한 지역에 따라 기록되었다. 남쪽 네게브에는 29개의 성읍이 추가되었고(21~23절), 서쪽 산기슭의 마을은 도합 42개였으며(33~47절), 중앙의 산지는 도합 38개 성읍이고(48~60절), 사람이 별로 살지 않는 사해 쪽 광야에는 6개의 성읍이 있었다(61~62절). 네게브의 성읍 수가 29개라고 하면서 36개가 기록되어 있는데(21~32절) 이들 중 일곱은 나중에 시므온 지파에게 준 성읍들로 몰라다, 하살 수알, 브엘세바, 에셈, 엘돌랏, 호르마, 시글락(19:1~7)이다. 유다는 100개가 넘는 성읍을 상속받았는데 예루살렘을 제외하고는 정복하는 데 별로 어렵지 않았던 것 같다. 유다는 예루살렘에 살고 있던 여부스 족속을 쫓아내지 못했다(15:63). 유다 족속이 '할 수 없었던' 것일까, '하지 않은' 것일까? 힘이 부족해서일까, 믿음이 부족해서일까?

2. 요셉 지파의 몫(16~17장)

a. 에브라임의 영토(16장)

16:1~3 에브라임과 므낫세 지파로 구성된 막강한 요셉 가문은 중앙 가

나안의 비옥한 지역을 상속받았다. 왜냐하면 요셉이 기근 시절 애굽에서 그의 전 가족을 살아남게 해서 족장 야곱은 요셉의 두 아들, 에브라임과 므낫세가 그들의 삼촌들과 더불어 족장이 될 것으로 결정했기 때문이다 (참조, 창 48:5). 가나안에서 그들의 영토는 많은 부분에서 가장 아름답 고 비옥했다.

16:4~10 에브라임의 몫은 후에 장막 성전이 300년 동안 머무를 실로와 같은 지역을 포함하여 요단에서 지중해까지 이르렀다. 에브라임의 성읍 중에는 므낫세 영토 안에 있는 것도 있었는데 이것은 그만큼 둘 사이에 일체감을 돈독하게 하기 위해서였다(9절).

　　그러나 에브라임 사람들도 유다와 마찬가지로 그들의 지역에서 가나 안 족속을 완전히 몰아내지 못했다. 그들은 가나안 족속들을 게셀에 거주 하게 하여 조공을 받아 물질적인 이득을 취했다. 수세기 후 이것은 결정 적인 실수로 판명되었는데, 사사 시대에 그들의 위치가 뒤바뀌어 가나안 족속들이 이스라엘을 노예로 삼았다. 이 역사적인 교훈은 영적인 가르침 을 주고 있다. 믿는 사람들이 조그마한 죄를 너무 쉽게 용납하는데, 얼마 후 죄에 사로잡혀 영적인 패배를 당하게 되는 엄청난 현실에 부딪힌다. 죄는 단호하고 냉혹하게 다루어져야 한다.

b. 므낫세의 영토(17:1~13)

17:1~2, 7~10 므낫세의 장자, 마길의 후손은 요단 동편에 정착했다 (1~2절). 나머지는 가나안에 정착하여 에브라임 북쪽 요단에서 지중해 에 이르는 영토를 받았다(7~10절).

17:3~6 특별히 므낫세의 현손, 슬로브핫의 다섯 딸에 관해 다룬다. 그들의 아버지는 아들이 없이 죽었기 때문에 **여호와께서는** 그들도 기업을 받도록 하였다(참조, 민 27:1~11). 그들은 이제 여호수아와 방백들과 함께 분배를 감독했던 엘르아살(아론의 아들, 수 24:33) 제사장에게 나아갔다. 이 다섯 여자들은 므낫세의 영토 중 일부를 받았다. 이 사건은 의미심장한 사건이었다. 왜냐하면 여자들을 단지 소유물로 생각했던 시절에 여성의 권리에 관심을 보여 주었기 때문이다.

17:7~13 잇사갈과 아셀 지파의 영토 중에도 므낫세의 성읍이 있었다. 이들은 가나안 족속의 요새인 벧 스안, 이블르암, 돌, 엔돌, 다아낙, 므깃도이다(이 중 세 번째인 돌은 나봇으로 알려져 있다). 이 성읍들은 강력한 부족이 차지하고 있는, 군사적으로 중요한 곳이었다. 그러나 에브라임과 마찬가지로 므낫세 자손들도 승리보다는 조공을 받는 것으로 만족했다.

c. 에브라임과 므낫세의 불평(17:14~18)

17:14~15 요셉의 후손들은 그들의 몫이 많은 인구에 비해 너무 적다고 불만을 표시했다. **여호수아**는 재치 있고 단호하게 그들에게 산림을 개척해서 숲이 우거진 산지에 살라고 말했다(15절). 그는 그들에게 힘을 모아 가나안 족속을 내쫓으라고 권했다(18절).

17:16~18 그러나 이것은 그들이 듣고 싶었던 답변이 아니었다. 그들은 산지가 그들이 살기에는 비좁고 그 지역에 사는 **가나안 족속**들은 **철 병거**(아마 나무 마차에 철을 씌운 듯한)를 가지고 있다고 말했다. 다시 **여호수**

아는 자신이 속한 지파에게, 그들은 수가 많고 매우 강성하므로 산지를 개척하고 가나안 족속을 내쫓음으로 영토를 확장시키기에 충분하다고 상기시켰다. 이 장면은 갈렙이 요구하는 기사(14:6~15)와 어떤 유사점이 있지만 그들이 보는 시야는 정반대이다. 요셉 족속이 두려움에 뿌리를 두고 있는 데 반해 갈렙은 믿음으로 요구하였다. 그러나 이 이야기의 목적은 이스라엘이 약속의 땅을 완전히 소유하려면 용기 있는 믿음으로 행동해야 한다는 사실을 이스라엘 백성이 깨닫게 하려는 것이다.

3. 나머지 지파들의 몫(18:1~19:48)

a. 도입(18:1~10)

18:1~3 마지막 토지 분배가 이루어지기 전 이스라엘 백성은 길갈에서 북서쪽으로 32킬로미터의 **실로**로, 요단 골짜기에서 산지로 옮겨 갔다. 왜 그랬을까? 아마 실로는 가나안의 중앙에 위치하고 있어서 **회막**(The Tent of Meeting)을 위한 장소로 편리했기 때문일 것이다. 이 회막은 이스라엘로 하여금 그들이 가나안에서 복 받고 번영하는 것이 여호와 하나님을 경배하고 예배하는 데 있음을 상기시켜 주기 위한 것이었다. 더구나 분배에 대한 요셉 자손의 불만은(17:14~18) 장래에 있을 민족 분열의 불길한 조짐이 되었다. 그렇기에 이를 방지하고 민족의 통일성을 증진시키기 위해 실로에 만남의 장막인 회막이 **설치되었다**.

더 나아가 이스라엘 백성이 새로운 예배 센터로서 회막을 세우기 위해 모였을 때, 여호수아는 그들이 전쟁으로 지친 상태였다는 것을 알았다. 그들은 가나안을 정복하느라 지쳐 있었다. 그래서 땅을 각 지파에게 나누어 주는 일도 중단되었다. 그들 중 **일곱** 지파는 아직 집도 없이 광야에서처럼 유랑하는 삶을 계속하면서도 그것에 만족하고 있었다. 그들의 이런 무기력한 태도에 화가 난 **여호수아**는 그들을 자극시켜 행동하도록 하고자 했다. 그는 날카롭게 꾸짖었다. 너희가 너희 조상의 하나님 여호와께서 너희에게 주신 땅을 점령하러 가기를 어느 때까지 지체하겠느냐?

18:4~7 여호수아는 사전에 주의 깊게 준비하지 않고는 행동하지 않았다. 일곱 지파에서 각각 3명씩, 도합 21명을 뽑게 하여 나머지 땅의 지도를 그려 오도록 보냈다. 이 작업이 얼마나 시간이 걸렸는지는 언급되지 않았지만 시간과 기술을 요하는 작업임에는 틀림이 없었다. 요세푸스는 이들이 지리학에 능통한 사람들이라고 기록했다. 어쩌면 그들의 부모는 애굽에서 토지를 조사하는 학문에 종사했을 것이다. 그들 중 누가 자신의 자식이 그 지식을 약속의 땅에서 전략적으로 사용하게 될 줄 알았겠는가?

18:8~10 그들이 지도를 그려 실로로 돌아오면 여호수아가 제비를 뽑아 나머지 일곱 지파에게 영토를 나누어 주게 될 것이었다.

b. 베냐민의 영토(18:11~28)

18:11~28 베냐민은 유다와 요셉, 즉 에브라임 사이의 땅을 분배받았다. 그렇게 해서 두 지도적인 지파 사이에 있을지도 모를 경쟁을 아예 시초부터 극소화시켰다. 이 지역은 산과 골짜기로 동서 간 불과 40킬로미터, 남북 간이 24킬로미터에 지나지 않았지만 성경 역사에서 중요한 많은 성

읍들을 포함하고 있었다(여리고, 벧엘, 기브온, 라마, 미스바, 예루살렘
[21~28절]). 그래서 모세 예언의 성취로 장래 성전의 장소인 예루살렘이
베냐민 지파에 속하게 되었다(신 33:12).

c. 시므온의 영토(19:1~9)

19:1~9 유다 지파는 필요한 것보다 더 많은 영토를 가졌기에(9절) 시므
온은 유다 영토의 남쪽 17개 성읍을 받았다. 그러나 오래지 않아 시므온
은 지파로서 독자성을 잃게 되었다. 시므온의 영토는 결국 유다의 영토에
합병되고 주민들은 북쪽 에브라임과 므낫세로 이민을 갔다(참조, 대하
15:9; 34:6). 이것은 솔로몬 사후에 왕국이 둘로 나뉜 후 북쪽에 10지파,
남쪽에 단지 2지파(유다와 베냐민)만 남게 된 이유를 설명해 준다.

d. 스불론의 영토(19:10~16)

19:10~16 야곱의 예언에 따르면 **스불론**은 "해변에 살며 배들을 위한
항구가 될 것"이라고 했다(창 49:13). 하지만 스불론은 내륙인 갈릴리 저
지대를 배정받았다. 또한 이상하게도 스불론 경내에 있는 나사렛도 누락
되었다(19장 15절에 나오는 **베들레헴**은 예수가 태어나신 유다의 베들레
헴[미 5:2]이 아니다).

e. 잇사갈의 영토(19:17~23)

19:17~23 이들의 땅은 스불론 동쪽, 갈릴리 남쪽에 위치한 지역으로

이스르엘의 비옥하고 아름다운 골짜기가 있으며 이름난 전쟁터이기도 했다. 다윗의 시대까지 이곳 주민들은 골짜기 동쪽 끝 산지에 살고 있었다.

f. 아셀의 영토(19:24~31)

19:24~31 아셀은 갈멜 산에서 북쪽으로 시돈과 두로까지의 지중해 해안을 배당받았다. 위치적 조건 때문에 아셀은 페니키아인들과 같은 북방 해안의 외적으로부터 이스라엘을 지키는 일을 맡았다. 다윗의 시대로 가면 지파로서 독립성을 잃지는 않지만 그 존재가 희미해져 간다. 시므온의 뒤를 이어 예수의 탄생을 축하한 여선지자 안나는 아셀 지파 출신이었다(참조, 눅 2:36~38).

g. 납달리의 영토(19:32~39)

19:32~39 납달리는 아셀과 인접하여 요단 강과 갈릴리 바다를 그 동쪽 경계로 가졌다. 구약에서는 이 지역이 크게 중요하지 않았지만 신약에서는 중요한 지역이었다. 그것은 예수 그리스도의 사역이 이곳에 집중되었기 때문이다. 선지자 이사야는 납달리의 운명을(앗수르의 침략으로 인한) 그리스도가 오셨을 때의 영광과 대조하여 말했다(참조, 사 9:1~2; 마 4:13~17).

h. 단의 영토(19:40~48)

19:40~48 가장 보잘것없는 지역이 단 지파에게 주어졌다. 북쪽과 동쪽

으로는 에브라임과 베냐민이, 남쪽으로는 유다에 둘러싸인 지역이 단 지
파의 경계로 단지 17개의 성읍만이 포함되었다. 원래 지역도 협소한데다
후에 대부분의 영토를 아모리 족속에게 빼앗기고(삿 1:34) 대다수는 훨
씬 북쪽으로 이주했다. 북쪽 납달리 반대편에 위치한 레셈이라는 성읍을
공격하여 정착하고 단이라고 이름을 고쳤다(삿 18장. 참조, 창 49:17).

이렇게 하여 어떤 지역은 여전히 적들의 손아귀에 있었지만 하나님은
각 지파에게 필요한 영토를 주셨다. 이스라엘은 믿음에 의해 땅을 소유해
야만 했는데 그들은 하나님을 의지할 때에만 원수를 물리칠 수 있었다.

D. 여호수아와 살인자, 그리고 레위인의 지역(19:49~21:45)

1. 여호수아를 위한 특별한 영토(19:49~51)

19:49 갈렙의 몫은 맨 처음에 결정되었으나(14:6~15) 여호수아의 몫은
맨 나중에 정해졌다. 모든 지파들이 그들의 몫을 받은 후에야 여호수아
는 자신의 것을 요구했다. 그는 얼마나 이기심이 없는가! 그의 행동은 자
신과 가족을 부유하게 하기 위해 지위와 영향력을 행사하는 많은 정치가
들과 얼마나 대조적인가!

19:50~51 여호수아가 선택한 땅은 그의 겸손을 보여 준다. 그는 가나
안의 가장 훌륭한 땅을 소유할 수 있음에도 자신의 지파(에브라임)에서
가장 형편없고 메마른 산지를 요구했다. 이스라엘 자손은 이 경건한 지

도자의 겸손한 요구를 받아들였다. 그리고 그는 거기에 성읍을 건설하고 거주했다. 이 충실한 지도자의 최후는 건설자의 모습이었다. 이는 하나님의 종들 가운데 드문 모습이다.

2. 도피성의 지정(20장)

10계명이 주어진 이후 첫 번째 명령 중의 하나로 인해 도피성을 건설하게 되었다(출 21:12~13). 이들 성읍들은 우발적인 살인자들의 피난처로 민수기 35장 6~34절과 신명기 19장 1~14절에 자세히 언급되어 있다.

이들 성읍들이 구약 성경 중 네 권에 언급된다는 사실은 그것들이 얼마나 중요한가를 말해 준다. 하나님은 이스라엘에게 인간의 생명이 거룩하다는 사실을 알리시기를 원했다. 설령 고의적이지 아니었다 하더라도 사람의 생명을 죽이는 것은 심각한 일이며 도피성은 이것을 강조한다.

고대 사회에서는 유혈 복수가 광범위하게 실시되었다. 어떤 사람이 죽임을 당하는 순간 그의 가장 가까운 친척은 복수할 책임을 맡게 된다. 이러한 복수전은 다음 세대로 넘어가 수많은 무고한 사람이 폭력에 목숨을 잃었다. 고대 이스라엘에서도 도피성은 절대로 필요했다.

20:1~3 구약 성경에는 사전에 계획한 살인자와 우연적인 살인자를 분명하게 구별한다(민 35:9~15, 16~21). 계획적인 살인자의 경우에는 가까운 친척이 **피로 복수**를 한다. 그러나 **우연히** 사람을 죽였을 경우에는 그에게 **도피성**이 피난처로 제공되었다. 그러나 지체 없이 가장 가까운 도피성으로 급히 도망가야 했다. 유대인의 전통에 따르면, 도피성으로 가는 길은 잘 다듬어져 있었고 갈림길에는 도피성을 표시하는 간판이 걸려 있

었다고 한다.

20:4~6 도피성 성문에 도달하면 살인자는 지체 없이 그 성읍의 장로들에게 자신의 사건을 알려야 했다. 그러면 회중들 앞에서 재판이 열리기 전까지 도피할 수 있도록 임시적인 조치가 취해졌다. 만일 고의적으로 죽인 것이 아니라면 그는 당시의 **대제사장**이 죽기 전까지 도피성에서 살다가, 대제사장이 죽은 후에 자기 **집**으로 자유롭게 돌아갈 수 있었다. 그때까지는 수년이 걸릴 수도 있다. 그러므로 우발적인 살인도 조심해서 피해야 할 것이다. 많은 사람들이 대제사장의 **죽음**과 살인자의 신분 변화 사이에 어떤 관계가 있는지 의아해한다. 제사장이 교체될 때 도망자의 도피성에서의 유배 생활이 끝나는 출소기한법이 성립되는 것 같다.

20:7~9 지정된 여섯 도피성은 요단 강 양편에 위치하고 있었다. 서쪽에는 납달리 갈릴리의 게데스, 에브라임의 세겜, 유다의 헤브론이었다. 동쪽에 있는 성읍은 르우벤의 베셀, 갓 지파의 길르앗 지역에 있는 라못, 그리고 므낫세 지파의 **바산**에 있는 골란이었다.

그런데 왜 구약 성경에 이러한 자비로운 구제가 이용된 단 하나의 실례도 기록되지 않았을까? 어떤 비평가들은 이들 성읍이 모세의 법전에 의한 것이 아니고 바벨론 포로 이후에 세워졌다고 생각한다. 그러나 포로 이후의 책들에는 이 문제에 대해 상의했다는 기록이 없다. 그래서 다른 비평가들은 그리스도가 오시기 전까지 사용되지 않았다고 추측한다. 이런 논란에 대해 우리는 이들 기록의 역사성을 인정하고 성경의 기자들이 선택적으로 기록함으로 기록에 빠진 것도 있다고 이해하는 편이 더 좋다.

이 성스러운 피난처는 "하나님은 우리의 피난처시요 힘이시니 환난 중에 만날 큰 도움이시라"는 시편 46편 1절의 배경이다. 또 "그리스도 예수 안에 있는 자에게는 결코 정죄함이 없나니"라는 로마서 8장 1절 말씀은 신약에 나타난 피난처 사상이라고 할 수 있다. 히브리서 기자가 "앞에 있는 소망을 얻으려고 피난처를 찾은 우리에게 큰 안위를 받게 하려 하심이라"(히 6:18)고 쓸 때, 그의 마음속에 구약 성경의 도피성을 생각했을지도 모른다. 그리하여 심판과 죽음을 선고하는 복수의 율법에 쫓겨 피난처를 찾아 도망치는 죄인들에게 도피성은 그리스도를 예표한다. 바울은 종종 "그리스도 안에서"라는 표현을 사용함으로 모든 신자들이 소유한 안전과 보호를 표현하였다.

3. 레위인의 몫(21:1~42)

21:1~3 이제 마지막 분배가 기록된다. 레위 지파의 우두머리들은 모세가 그들에게 주기로 약속한 성읍을 달라고 요구하였다(참조, 민 35:1~8). 레위 사람들에게는 6개의 도피성을 포함하여 **목초지가 딸린 48개의 성읍**이 주어졌다.

21:4~7 분배는 레위의 세 아들, 그핫, 게르손, 므라리 자손에 따라 나뉘었다(출애굽기 주석 6장 18절에 나오는 아브라함에서부터 모세의 가계[家系]를 보시오).

21:8~19 먼저 그핫의 13개 성읍이 기록되었다. 9개는 헤브론(도피성)을 포함하여 유다와 시므온 지파에 속해 있고 4개는 베냐민 지파에 속해

있었다. 이들 성읍은 아론의 후손인 제사장들을 위한 것이었다.

21:20~26 세겜(도피성)을 포함하여 10개의 성읍이 에브라임과 단과 므낫세에 있는 그핫 자손에게 더 주어졌다.

21:27~33 게르손 자손들의 13개 성읍은 요단 농쏙의 므낫세, 잇사길, 아셀, 납달리의 지역에 위치하였다. 바산에 있는 골란과 갈릴리의 게데스가 도피성으로 여기에 포함되었다.

21:34~40 므라리의 후손들은 스불론과 요단 동편의 르우벤, 갓 지파의 지역에 있는 12개 성읍을 받았다. 그래서 48개의 레위인 성읍 중에 10개는 요단 동편에 있었는데 2개는 므낫세 지파(27절), 4개는 르우벤 지파(36~37절), 4개는 갓 지파(38~39절)에 있었다.

이렇게 레위 지파가 다른 지파들 사이에 분산된 것은 야곱이 시므온과 함께 레위를 저주한 것이 이루어진 것이었다. 그들이 세겜 사람들을 무분별하게 죽였기 때문이다. 레위 후손의 경우는 하나님께서 그들의 종족을 보존시켜 이스라엘에게 복이 되게 하셨다. 하나님께서 이렇게 하신 것은 레위 사람들이 심각한 위기를 만났을 때 모세와 함께하였으며 비느하스가 모압 평지에서 하나님의 의로우신 이름을 변호했기 때문이다.

21:41~42 그러나 배당받을 당시 레위인의 성읍 중 대다수는 가나안 족속의 지배 아래 있었고 그들을 정복시켜야 했다. 레위 지파가 언제나 승리할 수 있었던 것이 아님은 분명하다. 이것은 여기에 나온 레위인의 성읍과 역대상 6장 54~81절에 나오는 성읍의 목록이 완전히 일치하지 않

은 이유를 설명해 준다.

레위인이 다른 지파들 중에 분산되어 있음으로 해서 생기는 유익은 상당했다. 모세는 지파들에게 마지막으로 축복하면서 레위 지파에게는 "주의 법도를 야곱에게, 주의 율법을 이스라엘에게 가르치는" 축복을 하였다(신 33:10). 레위 족속의 유일한 책임과 고귀한 특권은 이스라엘에게 여호와의 율법을 가르쳐 백성 사이에 하나님의 말씀에 대한 지식을 유지시키는 일이었다. 특별히 동쪽과 북쪽에서 레위인의 책임은 사막의 종족들의 이교적 관습과 두로와 시돈의 우상 숭배를 대항하는 장벽의 역할을 하는 일이었다.

어떤 사람은 이스라엘의 어느 누구도 48개의 레위 성읍 중 어느 하나로부터 16킬로미터를 떨어져 살지 않았다고 추산한다. 이렇게 하여 모든 이스라엘 백성은 종교, 가정, 정치의 수많은 문제들에 대해 충고와 조언을 줄 수 있는 모세의 율법을 숙달한 사람을 곁에 두었다. 그리고 삶의 모든 영역에서 하나님의 말씀을 순종하는 일이야말로 이스라엘에 있어 필수적이었다. 그렇지 않으면 그들의 번영은 끝장나고 그들이 누리는 권리들은 상실되기 때문이었다. 그러나 결과는 비극적이었다. 레위인들은 그들의 할 바를 다하지 못했다. 즉 그들은 그들의 사명을 완수하지 못했다. 그들이 사명을 다했다면 우상 숭배와 그것의 타락시키는 영향력은 결코 이스라엘 땅에 퍼지지 않았을 것이다.

4. 정복과 분배의 마무리(21:43~45)

21:43~45 여기서 영토 분배의 긴 기록은 끝난다. 역사가는 처음 시작을 돌이켜 보고 하나님의 신실성을 강조하면서 정복과 땅의 분배를 마감

하였다. 하나님은 이스라엘에게 땅을 주시겠다는 그분의 약속을 지키셨다. 또한 사방에 안식을 주셨고 적에게 승리하게 하셨다. 사실상 하나님은 그분의 할 일을 성실하게 수행하셨다. 약속 중 어느 하나도 이루어지지 않은 것이 없었다. 이것이 가나안의 구석구석 다 이스라엘의 소유가 되었음을 의미하지는 않는다. 왜냐하면 하나님은 이스라엘이 땅을 점진적으로 정복하게 되리라고 말씀하셨기 때문이다(신 7:22). 또 이들 결론적인 구절들이 사사 시대에 일어난 비극들을 모르는 것도 아니었다. 그것들은 이스라엘의 잘못이지 하나님의 잘못은 아니었다. 이스라엘의 불신앙 때문에 하나님의 신실하심을 비난할 수는 없다. 바울은 이 사실을 디모데에게 보내는 편지에서 "우리는 미쁨이 없을지라도 주는 항상 미쁘시니"(딤후 2:13)라고 지적했다.

어떤 신학자들은 여호수아 21장 43절은 아브라함에게 땅을 약속한 언약이 성취된 것이라고 한다. 그러나 여호수아 시대 이후에 이스라엘이 소유한 땅에 대한 추가적인 예언이(암 9:14~15) 성경에 있는 까닭에 그렇게 볼 수는 없다. 그러므로 여호수아 21장 43절은 민수기 34장에 기록된 땅의 범위이지 장차 메시아 왕국에서 발견될 궁극적인 규모는 아니다(창 15:18~21). 또한 이때 이스라엘이 소유한 땅은 후에 상실했지만 아브라함 언약은 이스라엘이 땅을 영원히 소유하리라고 약속하였다(창 17:8).

Ⅳ. 결론(22~24장)

A. 국경 분쟁(22장)

요단 동편의 지파들이 자기들의 거주지로 돌아갔을 때, 성급한 판단으로 인해 자칫하면 새롭게 시작하는 이스라엘 사회를 처참한 전쟁으로 몰아넣을 뻔했다. 그것은 폭발 직전의 위태로운 상황이었다. 적들이 여전히 그들 근처에 잠복해 있었기 때문에 그와 같은 분열이 일어난다면 그들의 잃어버린 영토를 되찾을 수 있는 절호의 기회가 되었을 것이다. 그러나 하나님의 섭리로 비극은 발생하지 않았고 이스라엘은 귀중한 교훈을 배웠다.

1. 여호수아의 권면(22:1~8)

22:1~4 르우벤, 갓, 므낫세 반 지파의 요단 동쪽의 지파들은 임무를 잘 수행했다. 그들은 그들의 사령관 앞으로 불려 가 그들의 **형제**가 싸우게 될 가나안 정복 전쟁에 참여하여 하나님과 모세와 여호수아에게 약속을 지킬 것을 명령받았다(민 32장; 수 1:16~18; 4:12~14). 그들은 7년 동안을 아내와 가족들을 떠나 있었다. 그러나 이제 전쟁은 끝났고 토지는 분배되었으며 집으로 돌아갈 때가 되었다. 그래서 여호수아는 이들 군사들을 영예롭게 돌아가게 했다.

22:5~8 지치기는 했으나 행복한 군인들이 집으로 돌아갈 때, 집에 남아 있던 형제들과 나누어 가지라는 여호수아의 교훈을 듣고 적으로부터 노획한 전리품을 가지고 돌아갔다. 가축과 귀금속과 의복 등을 포함한 막대한 재물들이 군인들에게 주어졌다.

그런데, 왜 전쟁의 위험과 수고를 감당하지 않은 사람들도 전리품을 가질 수 있었는가? 아마 대다수의 후방에 남아 있던 사람들도 전쟁에 나가기를 원했을 것이다. 그렇다면 누가 곡식을 재배하고 여자와 자식들을 보호할 것인가? 전쟁에 나간 사람뿐만 아니라 집에서 의무를 수행한 사람에게도 명예와 보상이 주어진다는 원칙이 수립되어 있었다(삼상 30:24). 귀환하는 군인들에게 여호수아는 여섯 가지 권면을 했다. (1)계명과 율법을 주의하여 지킬 것, (2) 여호와 하나님을 사랑할 것, (3) 그 모든 길을 행할 것, (4) 그의 계명에 순종할 것, (5) 하나님과 가까이 하며 (6) 마음과 성품을 다하여 하나님을 섬길 것. 이 훈령은 비록 짧지만 순종과 사랑, 교제와 섬김을 열정적으로 호소했다.

그들의 군사적인 의무는 완수되었다. 그러나 여호수아는 그들에게 하나님의 복이 계속되는 조건이 될 영적인 헌신을 기억하게 했다. 마치 집을 떠나는 아들이나 딸을 바라보며 걱정하는 부모처럼 여호수아는 떠나는 전사들에게 간곡한 부탁을 했다. 그들이 나머지 지파들과 분리되어 있게 되면 여호와를 예배하는 데서 떠나 우상 숭배에 빠질까 봐 두려워했던 것이다.

2. 동쪽 지파들의 상징적인 행위(22:9~11)

22:9~11 실로를 떠나 동쪽 지파들의 군대는 집으로 향했다. 요단 강에

다다르자 아마 그들은 7년 전 기적적으로 강을 건넜던 일, 여리고 근처에서의 위대한 승리, 최근에 헤어진 형제들과 함께 거둔 다른 승리들이 떠올랐을 것이다. 다른 지파들과 떨어진다는 생각이 그들을 엄습해 오기 시작했다. 이것은 동쪽 지파와 서쪽 지파를 떼어 놓는 평범한 강 때문은 아니었다. 요단 강은 평범한 강이 아니었다. 강 양옆으로 있는 산들은 600미터 이상 높이였고 그 사이의 요단 골짜기는 8킬로미터에서 21킬로미터까지의 폭이 되어 건너기가 쉽지 않았다. 1년 중 어떤 기간은 강렬한 열기 때문에 여행하기가 곤란했다. 바로 이 강이 경계가 되기에 그들은 그들의 형제들과 영원히 헤어지는 것이 아닌가 하여 겁이 났던 것이다.

결국 "안 보면 멀어지게 된다." 수년 동안 전쟁을 치르는 가운데 맺어진 전우애를 지속적으로 만들어 줄 수 있는 그 무엇은 없는가? 무엇이 강 양편에 있는 사람들 사이의 일치를 상징할 것이며 그들이 모두 약속의 자녀임을 사람들에게 기억시켜 줄 것인가? 그 대답으로 그들은 먼 거리에서도 볼 수 있으며 회막에 있는 본래의 제단에 대한 그들의 권리를 증거할 거대한 제단을 쌓도록 했다. 그래서 그들은 요단 강가에 제단을 세웠다. 그들은 왜 다른 기념물을 세우지 않은 것일까? 일치의 진정한 기초는 제단에서 희생 제사를 드리는 예배에 있다고 보았기 때문이다.

3. 전쟁의 위협(22:12~20)

22:12 그러나 일치의 상징은 배도의 상징으로 오해되었다. 이 사실이 알려지자 다른 지파들은 진정한 제단이 있는(삼상 4:3) **실로에 모여** 동편의 지파들을 **징벌하기 위한 전쟁**을 준비했다. 그들이 들은 바에 기초하여(수 22:11) 이스라엘 백성은 이것이 하나님에 대한 반역이라고 결론짓고 모

세 법에 반대하여 다른 제단을 세운 것으로 보았다(레 17:8~9).

"그들은 하나님의 거룩성이 침해받는다고 생각했다. 그래서 이들은 하나님의 거룩성은 어떠한 타협도 요구하지 않는다고 말했다. 나는 20세기의 교회들이 이러한 교훈을 하나님께 배워야 하리라고 본다. 하나님의 거룩성은 진리의 영역에 있어 어떠한 타협도 있을 수 없음을 요구한다"(Francis Schaeffer, *Joshua and the Flow of Biblical History*, 175).

22:13~14 하나님의 명령에 대한 불순종과 타협에 직면하여 이스라엘 백성은 그들의 형제들을 징벌하기 위한 전쟁을 요청했다. 그들의 진리에 대한 열정과 순수한 예배에 대한 정열도 칭찬할 만하지만 지혜가 경솔함을 물리쳤다는 점이 훌륭하다. 결정은 두 지파와 반 지파가 그들의 계획을 포기하도록 강력하게 항의하는 것으로 시작되었다. 하나님을 위한 의로운 열정으로 유명한 엘르아살의 아들 **비느하스**가(민 25:6~18) 10지파의 대표들을 이끌고 갔다.

22:15~20 대표단은 새 제단을 쌓은 곳에 도착하여 여호와를 버리고 여호와께 거역했다고 동부 지파 사람들을 비난했다(16, 18절). 그들은 동부 사람들에게 **브올의 죄**가 하나님의 심판을 초래했으며(민 25장) 아간의 죄도 그러했음을(참조, 수 22:20; 7장) 상기시켰다. 이제 전 회중은 그들의 반역 행위로 또다시 위기에 부딪혔다. 그러한 죄는 민족 전체에게 하나님의 진노를 가져다줄 것이었다(참조, 22:18, 20절). 마침내 두 지파와 반 지파의 사람들이 요단 동쪽 땅은 하나님께 예배드리기에 부정하다고 생각한다면 요단 서쪽에 자리를 내어 줄 수도 있다는 관대한 제안을 제시했다. 이것은 비싼 대가를 치를 수도 있는 너그럽고 애정이 있는 제시였다.

4. 동부 지파의 변호(22:21~29)

이스라엘 대표들은 이제 그들의 성급하고 냉엄한 판단과 탄핵이 얼마나 잘못된 것이었는지 알게 되었다. 요단에 큰 제단을 세우게 된 배경이 알려졌다.

22:21~23 동부 사람들은 분노에 찬 준엄한 책망에 대꾸하기보다, 솔직하고 진지하게 그들이 세운 제단이 하나님을 향한 반역이라는 비난을 부인했다. 하나님을 증인으로 세우면서 그들은 두 번씩이나 그의 세 가지 이름으로, 즉 엘, 엘로힘, 여호와(전능하신 자, 하나님, 여호와)로 맹세하였다. 만일 그들의 행위가 하나님을 향한 반역이었다면, 그리고 예배에 관한 그의 명령을 반역한 것이라면, 그들은 하나님의 심판을 받아도 마땅하다고 주장했다.

22:24~25 그러면 왜 또 다른 제단을 세웠을까? 그들은 지역적인 분리로 인해 미래 세대에게 줄지도 모를 효과 때문이라고 진지하게 설명했다.

22:26~29 동부 지파 사람들은 이스라엘의 예배를 주관하시는 하나님의 율법을 충분히 알고 있음이 분명하다. 그들이 최근에 쌓은 제단은 번제와 희생 제사를 위한 것이 아니라(참조, 23절) 모든 세대들에게 요단 동편의 지파들이 요단을 건너가 실로에서 예배를 드릴 권한이 있음을 증거하는 데 있었다. 이 제단은 단지 진정한 예배처의 모형에 불과하며 그곳에 자주 갈 수 있는 권리를 증명하는 것에 불과했다.

그들의 관심은 미래 세대들의 영적인 행복을 위한 것으로 칭찬받을 만한 것이었지만, 사실 그들의 행위가 꼭 필요했던 것은 아니다. 왜냐하면 하나님은 율법에서 명령하시기를 모든 이스라엘 남자들은 1년에 세 번씩 성소에 나타나라고 하셨기 때문이다(출 23:17). 이것만 명심한다면 모든 지파들의 통일은 영적으로나 정치적으로나 보존될 것이었다. 더구나 다른 제단을 쌓는 것은 위험한 선례(先例)가 될 수 있었다.

주석가 존 데이비스는 "고대 이스라엘에서 통일시키는 요소는 문화, 건축, 경제, 군사 그 어느 것도 아니다. 여호와 예배가 오랫동안 통일시킨 요인이었다. 예배의 참된 장소로서 중앙 성소가 무시되었을 때 지파들은 독자적인 성소를 발전시켰고 그리하여 그들은 서로 낯설어졌으며 군사력은 약해졌다. 이런 흐름의 효과는 사사 시대에서 충분히 볼 수 있다"(*Conquest and Crisis*, 87)고 말했다.

5. 지파들의 화해(22:30~34)

22:30~34 위기는 행복으로 끝났다. 동부 지파 대표들의 설명은 비느하스와 그의 무리들에게 충분히 납득되었고, 이들의 보고를 들은 요단 서쪽의 다른 지파들은 기뻐하며 하나님을 찬양했다. 모든 사건을 결론지으면서 비느하스는 깊은 감사의 표현으로 아무런 죄를 범하지 않았으며 하나님의 진노가 일어나지 않는다고 말했다.

약속의 땅을 점령하고 분배한 것을 기록하는 책에서 왜 이렇게 단순한 사건을 그토록 자세히 취급해야 했을까? 그것은 이스라엘이 약속의 땅에서 화목하게 지내며 하나님의 복 가운데 살기 위한 필수적인 원리들을 보여 주기 위함이었다. 이 원리들은 오늘날의 하나님의 백성들에게도 동일하게 해당된다.

1. 신앙의 순수성을 위한 정열은 신자들에게 필요하다. 진리의 타협은 언제나 대가를 치른다.

2. 상황만을 보고 그 사람의 동기를 판단하는 것은 잘못이다. 중요한 것은, 모든 논쟁에는 양면이 있음을 기억하고 사실을 밝히는 일이다.

3. 솔직하고 공개적인 토론은 분위기를 밝게 하고 화해로 이끈다. 그리고 그러한 대면(對面)은 친절한 분위기 속에서 이루어져야지 거만해서는 안 된다(갈 6:1).

4. 그릇되게 정죄받은 사람은 솔로몬의 지혜로운 권면을 기억하는 것이 좋다. "유순한 대답은 분노를 쉽게 하여도 과격한 말은 노를 격동하느니라"(잠 15:1).

B. 여호수아의 임종(23:1~24:28)

여호수아서는 노병이 작별 인사를 함으로 끝난다. 그의 고별 설교는 모든 사람의 유언처럼 슬픈 기운이 돈다. 그의 설교는 이스라엘의 일부가 남아 있는 가나안 족속들에 대해 방심하는 것을 목격한 여호수아의 깊은 관심을 표현한 것이었다. 여호수아는 이스라엘의 적들이 정복되는 것과 함께 이스라엘이 타락할 위험성을 잘 알고 있었다. 지도자의 위치에서 떠나기 전에 그는 하나님의 명령에 대한 지속적인 순종이야말로 하나님의 복을 계속적으로 향유할 수 있는 필수적인 요소임을 그들에게 경고해야 할 필요성을 느꼈다. 어떤 이들은 이 마지막 두 장이 동일한 사건에 대한 두 가지 보도라고 보지만 23장은 이스라엘의 지도자들을 향한 여호수아의 권면이고 24장은 백성을 향한 부탁이라고 보는 것이 더 좋다.

1. 지도자들을 향한 여호수아의 마지막 권면(23장)

a. 첫 번째 권면(23:1~8)

23:1~2 정복과 분배가 끝난 후 약 10년 또는 20년이 지났을 때 여호수아는 이스라엘 지도자들에게 설교를 했다. 아마 회막이 있는 실로에서였을 것이다. 여호수아는 그들이 여호와를 떠날 위험성이 있음을 열렬히 경고했다. 물론 거기에는 갈렙도 있었을 것이고 제사장 엘르아살과 함께 이제는 칼을 보습으로 바꾸고 가장으로서 장로들과 재판장들이 된 정복 시절의 군인들도 있었을 것이다.

그들은 그들의 대장이 마지막으로 하는 말을 들으러 오라는 여호수아의 요청에 응답하여 지체 없이 왔다. 그리고 그 노련하고 연로한 대장은 단 하나의 주제, 즉 이스라엘에 대한 하나님의 틀림없는 신실성과 하나님에게 신실해야 할 그들의 책임을 연설했다. 세 번씩이나 그는 그의 중심 메시지를 반복했다(3~8, 9~13, 14~16절). 그들이 듣지 않거나 주의하지 않을까 걱정되어 세 번씩이나 그는 하나님의 신실성과 이스라엘의 책임을 강조했다.

23:3~5 여호수아는 자기 자신을 높이고자 하는 유혹을 뿌리치고 이스라엘의 지도자들에게 그들의 대적이 패배한 것은 오로지 여호와 그들의 하나님이 그들을 위해 싸우셨기 때문이라는 사실을 상기시켰다. 전쟁은 여호와께 속한 것이지 여호수아가 주도한 것이 아니었다. 시편 기자는 이

러한 주장을 반복했다(시 44:3). 아직도 남아 있는 가나안 족속들에 대해 여호와 하나님은 그들을 쫓아내실 것이며 이스라엘은 그들이 부분적으로 점령한 땅을 다 차지하게 될 것이었다.

23:6~8 강조점이 이스라엘의 책임에 대한 것으로 옮겨지면서, 여호수아는 요단을 건널 때 야웨께서 자신을 무장시킨 바로 그 말씀들을 전해주었다(참조, 수 1:6~9). 용기와 순종은 가나안 정복을 성공으로 이끈 은혜이며, 그것은 지금도 다를 바 없다(참조, 22:5). 특별히 여호수아는 이스라엘이 그들의 주변에 있는 이방 민족들을 닮을 것을 두려워하여 그들과의 어떤 접촉이나 교류도 금지시켰다. 그렇게 되면 한 발자국씩 타락하여 나중에 이방 신들의 신상 앞에 경배하게 될 것이기 때문이었다(참조, 23:16). 그 대신 그는 여호와와 친근히 할 것을 권했다(참조, 22:5).

b. 두 번째 권면(23:9~13)

23:9~13 주제가 바뀌어 여호수아는 다시 과거에 이스라엘에게 하신 하나님의 신실성을 강조했다. 여호와께서는 그들을 위해 그들의 전쟁에서 싸워 주셨다(참조, 3절). 비록 아직 가나안 족속 중 일부가 남아 있기는 하지만 적을 만날 때마다 적을 물리칠 수 있었다.

이스라엘은 자신들을 위해서 하나님을 사랑할 것을 권면받았다(참조, 22:5). 이것을 위해서는 부지런하고 주의 깊어야 했다. 그것은 근처에 타락한 이웃들이 있기 때문이었다. 유혹들은 야웨의 관계를 깨뜨리고 가나안 백성과 결합하는 만큼 커질 것이며, 심지어 이스라엘에게 위기를 가져올 가나안 백성과의 결혼도 추진될 것이었다. 여호수아는 이러한 위험으로 인해 앞으로 있을 두려운 결과들을 생생하게 기록했다.

첫째, 하나님은 더 이상 이들 가나안 족속들을 쫓아내지 않으실 것이고 그들은 이스라엘의 기업 안에 남아 있게 될 것이다. 둘째, 그들 가운데 있는 가나안 족속들은 올무와 덫같이 되어 그들을 얽어매고 채찍질을 하며 그들의 눈을 찌르는 가시가 될 것이었다. 셋째로, 저주와 고통이 증가하여 이스라엘은 그들의 좋은 땅에서 쫓겨나게 될 것이었다(참조, 23:15~16).

여호수아는 그가 제시한 선택 중 중립의 가능성은 전혀 생각하지 않았다. 그들이 이스라엘의 하나님을 따르든지 가나안 백성을 따르든지 둘 중의 하나였다. 오늘날에도 마찬가지이다. 중간은 없다. "어느 누구도 두 주인을 섬길 수 없다"(마 6:24. 참조, 마 12:30).

c. 세 번째 권면(24:14~16)

23:14~16 위대한 설교자답게 여호수아는 그의 설교를 다시 반복하였다. 자기가 죽어 가는 때임을 강조하면서 그의 말들이 그들의 마음 깊숙이 자리 잡기를 바랐다. 한번 더 그는 모든 약속에 대한 하나님의 빈틈없는 신실성을 말하고 불순종으로 인한 저주를 경고했다. 여호수아의 깊은 근심은 장차 이스라엘이 죄악과 타협함으로 하나님의 백성이 불가피하게 겪게 될 비극적인 운명을 바라보았기 때문이다. 하나님의 진노가 그들을 태워 버리고 그들은 땅에서 멸망하게 될 것이었다.

이스라엘의 지도자에게 준 이 설교의 절정은 이스라엘의 최대의 위기는 군사적인 것이 아니고 도덕적이며 영적이라는 사실을 강조한 데 있다. 만일 여호수아가 오늘날 살아 있다면 똑같은 말을 했을 것이다.

2. 여호수아가 백성에게 마지막으로 한 부탁(24:1~28)

여호수아가 백성과 마지막으로 회합을 가진 장소는 세겜이었다. 앞의 모임 이후 곧바로 두 번째 모임을 가졌는지, 혹은 시간 간격이 있은 후에 모였는지는 알 수 없다.

지리적 배경이 흥미 있다. 세겜은 실로 북서쪽 수킬로미터 떨어진 곳으로, 아브라함이 맨 처음 그의 후손에게 가나안 땅을 주시겠다는 하나님의 약속을 받은 장소였다. 아브라함은 유일하고 진실하신 하나님에 대한 그의 신앙을 입증하기 위해 제단을 세워 응답했다(창 12:6~7). 야곱 역시 밧단아람에서 귀환할 때 세겜에서 멈추어 그의 가족들이 가져온 우상들을 땅에 파묻었다(창 35:4). 이 세겜은 이스라엘이 가나안 정복의 첫 단계를 마친 후 하나님의 율법이 새긴 돌기둥을 세운 곳이기도 하다(수 8:30~35). 그러므로 여호수아가 이 장소에서 이스라엘 백성을 소집한 것에는 충분한 이유가 있었다. 확실히 율법이 기록된 돌들은 여전히 세워져 있어 그때의 중대한 사건을 명백하게 기억나게 했다. 이 시간 이후 에발 산과 그리심 산 사이 아름다운 골짜기는 그들의 고귀한 지도자가 그들에게 마지막으로 이야기한 작별의 장소로 기억될 것이다.

이 설교의 문학적 형태는 매우 흥미롭다. 이러한 형태는 동시대(BC 1450~1200년)의 히타이트 제국의 통치자가 그들의 속국에게 충성과 복종을 요구하는 국제적인 조약을 설정하는 데 잘 나타나 있다. 이러한 주종 언약은 정규적인 형식에 따라 시기마다 갱신을 요구했다. 여호수아 24장은 동시대의 전형적인 주종 언약의 형태로서 이스라엘 백성이 하나님과 그들의 언약 관계를 확인하는 언약 갱신의 문서이다. 언약 갱신 문서의 구성은 주종 조약과 마찬가지로 전문(前文. 1~2절 상), 역사적인 서두

(2절 하~13절), 불복종의 결과에 따른 종속 국가의 규정 사항(14~24절), 협정 사항(25~28절) 등으로 되어 있다. 시내 산에서 맺은 모세 언약은 영구한 언약이 아니었기에 매 세대마다 갱신할 필요가 있었다. 그 갱신이 이제 인상적인 의식(儀式) 가운데 체결되었다.

a. 복을 회고함(24:1~13)

24:1~13 하나님은 언약의 주인으로, 이스라엘은 그 백성으로 간주되었다(1~2절 상). 이 전문에 이어 역사적인 서두가 나와 여호와께서 그의 백성에게 베푼 복들을 회고한다(2절 하~13절). 그는 그들을 갈대아 우르에서 불러냈고(2절 하~3절), 애굽에서 불러냈으며(5~7절), 가나안으로 인도하셨다(8~13절). 어떤 사람들은 왕벌이(12절; 출 23:28; 신 7:20) 가나안 정복 이전 가나안을 침략했던 애굽 군대를 가리킨다고 한다. 다른 사람들은 하나님이 이스라엘을 위해 하신 일을 듣고 겁에 질린 가나안 사람들의 경험을 비유적으로 의미한다고 했다(신 2:25; 수 2:10, 24; 5:1). 심지어 문자적인 왕벌을 가리킨다는 사람도 있다.

이스라엘 역사의 요약에서 말하고 있는 주체는 하나님이시다. 18번이나 1인칭 대명사 '나'가 사용되었다. "내가 이끌어 내어, 내가 보내었고, 내가 인도하여, 내가 주었더니" 등등. 히타이트 왕이 자기가 속국들에게 베푼 자비로운 행동들을 회고하는 것처럼, 하나님은 이스라엘의 행복을 위해 행하신 놀라운 행위들을 회고하셨다. 이스라엘이 이룩한 어떤 위대한 일도 자신의 노력으로 한 것이 아니고 하나님의 은혜와 능력으로 된 것이었다. 이스라엘의 정복, 구원, 번영은 처음부터 끝까지 하나님의 선하신 자비로 말미암은 것이지 자기 자신들이 이룩한 것은 아니었다.

b. 자신들의 책임을 복창함(24:14~24)

24:14~15 언약 갱신의 협정은 다음과 같이 언급되었다. 이스라엘은 "여호와를 경외하며 … 그를 섬기라." 히타이트 조약에서는 다른 모든 외국과의 동맹은 거절되어야 했다. 마찬가지로 이 언약에서도 이스라엘은 모든 이방 신들을 거부해야 했다. 여호수아는 담대하게 강 건너(유프라테스 강)에서 그들의 조상이 섬기던 우르의 신들, 가나안의 아모리 족속들의 신들과 여호와 사이에서 선택하라고 그들에게 도전했다. 그러고 나서 이 이스라엘의 존경받는 지도자는 그들의 선택이 어떠하든지 자신의 마음을 결정했으며 자신의 길은 분명하다고 밝혔다. 즉 "나와 내 집은 여호와를 섬기겠다"는 것이었다.

24:16~18 백성은 신속하게 응답했다. 그들은 자기들을 애굽에서 구원하여 광야에서 보호하셨고 약속의 땅으로 인도하신 하나님을 버린다는 생각은 도저히 할 수 없었다. 그들 역시 여호와를 섬기겠노라고 약속했다.

24:19~21 여호수아는 다시 말했다. 그는 그들의 폭발적인 열광에 전부 만족할 수는 없었다. 그는 어떤 불성실한 기색을 탐지했을까? 아니면 수 세기 전 야곱의 가족이 했던 것처럼(창 35:4; 수 24:14, 23) 그들의 우상들을 파괴하기를 바라서였을까? 그들의 대답은 여호수아가 무뚝뚝하게 "너희들은 여호와를 섬길 수 없다. 그는 거룩하신 하나님이시다. 그는 질투하시는 하나님이시다. 그는 너희 죄악과 반역을 용서하지 않으실 것이다"라고 선언할 만한 그런 대답은 아니었다. 물론 여호수아가 하나님은 용서의 하나님이 아니라는 의미에서 말한 것은 아니었다. 그가 의미한 것은 하

나님이 소홀히 경배되거나 섬김의 대상이 될 수 없다는 말이었다. 그것은 또한 우상을 섬기기 위해 하나님을 버린다는 것은 너무나 뻔뻔스럽고 율법에 의해 용서받을 수 없는 죄악 중의 죄악이라는 뜻이었다(민 15:30). 그러한 죄악은 재앙을 초래할 것이었다. 백성은 한번 더 여호수아의 말에 응답하여 여호와를 섬기겠다고 다시 확인하였다.

24:22~24 여호수아는 세 번째로 다시, 그들이 하나님을 배반하지 않겠다면 스스로 증인이 되어 줄 것을 요구했다. 그러자 백성은 즉시 "그렇소, 우리가 증인이요"라고 대답했다.

여호수아는 그때 네 번째이자 마지막으로 처음에 한 말을 다시 하였다. 그러면 이제 너희 중에 있는 이방 신들을 치워 버리라(참조, 14절). 그는 그들이 입으로 하는 맹세를 들었다. 이제는 그들의 신실성을 행동으로 보이라고 요구했다. 그들 중 많은 사람이 비밀리에 우상 숭배를 하는 것을 알고 있기에 여호수아는 즉시 그들이 이방 신들을 제거할 것을 촉구했다. 조금도 지체함 없이 백성은 소리쳤다. "우리가 여호와 우리의 하나님을 섬기고 그에게 복종하겠습니다." 그들은 자신들이 하나님의 종이 될 것이며 애굽이나 다른 신들의 노예가 되지 않겠다고 말했다.

하나님과 우상 숭배와는 어떠한 혼합이나 동맹도 있을 수 없다. 확실한 선택이 매 세대마다 이루어져야 한다. 백성은 편법(便法)과 원칙 사이, 현세와 영원 사이, 하나님과 우상 사이에서 선택해야만 한다(참조, 살전 1:9).

c. 서약의 증거(24:25~28)

24:25~26상 백성의 진실을 절반쯤 만족해하면서, 그러나 말이란 빈말로 끝날 수 있으리라는 점을 생각하면서 여호수아는 언약을 갱신했다. 그는 아마 히타이트가 주종 언약 기록을 속국의 성소에 비치해 두듯이 언약궤 옆에 놓였을 하나님의 율법서에 기록했을 것이다.

24:26하~27 마지막 증거로서 여호수아는 성소의 상수리나무 곁에 있는 큰 돌 위에 언약을 새겨 놓았다. 고고학자들은 세겜을 발굴하던 중 여기에 언급된 기념물과 동일한 것일지도 모를 커다란 석회석 기둥을 발견했다. 여호수아는 마치 언약의 협정을 모두 들은 것처럼 이 돌이 증인이라고 말했다.

24:28 백성이 여호와 하나님을 경외하고 따를 것을 맹세하는 성스러운 언약 갱신 의식을 행하도록 인도함으로 여호수아는 그의 마지막 공적인 활동을 끝냈다. 이스라엘 사람들은 그들이 기업으로 얻은 집으로 돌아오면서 이 사건에 대해 잊을 수 없으리만큼 큰 인상을 받았다.

C. 부록(24:29~33)

24:29~31 여호수아서는 세 개의 장례식으로 끝을 맺는다. 첫째는 여호수아가 110살에 죽어 장사 지낸 것이 기록되었다(참조, 19:50). 그를 여

호와의 종이라고 부른 것 이상으로 그에게 더 위대한 찬사는 없을 것이다. 그는 다른 어떤 위대한 지위도 원하지 않았다.

24:32 요셉의 뼈를 묻은 장례도 기록되었다. 그는 죽으면서 자기를 약속의 땅에 묻어 달라고 요청했다(창 50:25). 모세는 이 요구를 알고 있었기에 출애굽할 때 요셉의 뼈를 가지고 나왔다(출 13:19). 방랑과 징복의 오랜 기간 후에 400년 전 애굽에서 방부 처리된(창 50:26) 요셉의 유골들은 이제 세겜에서 안식하게 되었다(참조, 창 33:18~20).

24:33 세 번째 장사는 아론의 후계자이며 아들인 제사장 엘르아살의 것이었다. 그는 여호수아와 함께 토지 분배를 하였고(민 34:17; 수 14:1; 19:51) 가나안 정복과 정착의 결정적인 시기에 장막 예배를 인도하였다.

여호수아서와 같이 세 장례식으로 끝나는 책은 드물다. 그러나 세 개의 평화로운 무덤은 여호수아, 요셉, 엘르아살에 대한 하나님의 신실성을 증명한다. 그들은 한때 이방 나라에 살며 그의 백성에게 가나안을 주시겠다는 하나님의 약속을 받은 사람들이었다. 이제 이 세 사람 모두 약속의 땅에서 편히 쉬게 되었다. 하나님은 여호수아, 요셉, 엘르아살, 그리고 모든 이스라엘에게 그의 말씀을 지키셨다. 그리고 이것은 오늘날 하나님의 신실성을 의지하는 하나님의 자녀들에게 힘을 준다.

참고문헌

- Blaikie, William G. *The Book of Joshua*. The Expositor's Bible. New York: Hodder & Stoughton, n.d. Reprint, Minneapolis: Klock & Klock Christian Publishers, 1978.
- Bush, George. *Notes on Joshua*. New York: Newman & Ivision, 1852. Reprint. Minneapolis: James & Klock Publishing Co., 1976.
- Campbell, Donald K. *No Time for Neutrality*. Wheaton, Ill.: Scripture Press Publications, Victor Books, 1981.
- Cohen, A. *Joshua and Judges*. London: Soncino Press, 1950.
- Davis, John J. *Conquest and Crisis*. Grand Rapids: Baker Book House, 1969.
- Garstang, John. *Joshua-Judges*. London: Constable & Co., 1931. Reprint. Grand Rapids: Kregel Publications, 1978.
- Jensen, Irving L. *Joshua: Rest-Land Won*. Everyman's Bible Commentary. Chicago: Moody Press, 1966.

- Kaufmann, Yehezkel. *The Biblical Account of the Conquest of Palestine.* Jerusalem: Magnes Press, 1953.
- Miller, J. Maxwell & Gene M. Tucker. *The Book of Joshua.* The Cambridge Bible Commentary. Cambridge: Cambridge University Press, H. Revell Co., 1955.
- Pink, Arthur W. *Gleanings in Joshua.* Chicago: Moody Press, 1964.
- Redpath, Alan. *Victorious Christian Living.* Westwood, N.J.: Fleming H. Revell Co., 1955.
- Schaeffer, Francis A. *Joshua and the Flow of Biblical History.* Downers Grove, Ill.: Inter-Varsity Press, 1975.
- Woudstra, Martin H. *The Book of Joshua.* The New International Commentary on the Old Testament. Grand Rapids: Wm. B. Eerdmans Publishing Co., 1981.

וַיְהִי אַחֲרֵי מוֹת יְהוֹשֻׁעַ וַיִּשְׁאֲלוּ בְּנֵי יִשְׂרָאֵל

וַיֹּאמֶר יְהוָה יְהוּדָה יַעֲלֶה הִנֵּה נָתַתִּי אֶת־הָאָרֶץ בְּיָדוֹ

וַיֹּאמֶר יְהוּדָה לְשִׁמְעוֹן אָחִיו עֲלֵה אִתִּי בְגוֹרָלִי וְנִלָּחֲמָה בַּכְּנַעֲנִי וְהָלַכְתִּי גַם־אֲנִי אִתְּךָ בְּגוֹרָלֶךָ וַיֵּלֶךְ אִתּוֹ שִׁמְעוֹן

וַיַּעַל יְהוּדָה וַיִּתֵּן יְהוָה אֶת־הַכְּנַעֲנִי וְהַפְּרִזִּי בְּיָדָם וַיַּכּוּם בְּבֶזֶק עֲשֶׂרֶת אֲלָפִים אִישׁ

וַיִּמְצְאוּ אֶת־אֲדֹנִי בֶזֶק בְּבֶזֶק וַיִּלָּחֲמוּ בּוֹ וַיַּכּוּ אֶת־הַכְּנַעֲנִי וְאֶת־הַפְּרִזִּי

וַיָּנָס אֲדֹנִי בֶזֶק וַיִּרְדְּפוּ אַחֲרָיו וַיֹּאחֲזוּ אֹתוֹ וַיְקַצְּצוּ אֶת־בְּהֹנוֹת יָדָיו וְרַגְלָיו

בְּהֹנוֹת יְדֵיהֶם וְרַגְלֵיהֶם מְקֻצָּצִים הָיוּ מְלַקְּטִים תַּחַת שֻׁלְחָנִי כַּאֲשֶׁר עָשִׂיתִי כֵּן שִׁלַּם־לִי אֱלֹהִים וַיְבִיאֻהוּ יְרוּשָׁלִַם וַיָּמָת שָׁם פ

וַיֹּאמֶר אֲדֹנִי־בֶזֶק שִׁבְעִים מְלָכִים

וַיִּלָּחֲמוּ בְנֵי־יְהוּדָה בִּירוּשָׁלִַם וַיִּלְכְּדוּ אוֹתָהּ וַיַּכּוּהָ לְפִי־חָרֶב וְאֶת־הָעִיר שִׁלְּחוּ בָאֵשׁ

וְאַחַר יָרְדוּ בְּנֵי יְהוּדָה לְהִלָּחֵם בַּכְּנַעֲנִי יוֹשֵׁב הָהָר וְהַנֶּגֶב וְהַשְּׁפֵלָה

וַיֵּלֶךְ יְהוּדָה אֶל־הַכְּנַעֲנִי הַיּוֹשֵׁב בְּחֶבְרוֹן וְשֵׁם־חֶבְרוֹן לְפָנִים קִרְיַת אַרְבַּע וַיַּכּוּ אֶת־שֵׁשַׁי וְאֶת־אֲחִימַן וְאֶת־תַּלְמָי

The Bible Knowledge Commentary 4

Judges

서론

서론

제목과 정경 안에서의 위치

"사사기"라는 책의 제목은 '재판관'을 뜻하는 쇼프팀(שׁ פ ט ים)이란 히브리어에서 헬라어 크리타이(κριται)와 라틴어 리베르 유디쿰(*Liber Judicum*)을 거쳐 유래한 말이다. 사사는 재판을 중재할 뿐만 아니라 이스라엘을 적으로부터 군사적으로 구출하는 것을 포함한 전체적인 행정력까지 가지고 있는 직분이다.

사사기는 흔히 '역사서'로 분류된다. 히브리어 정경에서는 '율법서'와 '성문서' 사이에서 '예언서'로 구분되며 여호수아, 사사기, 사무엘, 열왕기가 '전기 예언서'를 구성한다.

저자와 작품의 연대

사사기의 내적인 증거는 왕정 초기, 즉 사울 왕의 즉위 직후(BC 1051년)로부터 예루살렘이 다윗에 의해 정복되기 전(BC 1004년)의 기간에 기록되었음을 말한다. 다음의 세 가지 사실이 이 의견을 지지한다.

1. "그 때에는 이스라엘에 왕이 없었더라"고 책 끝 부분에서 반복되는

구절(17:6; 18:1; 19:1; 21:25)을 통해 이 책의 저자는 이스라엘이 왕을 가진 시기에 과거를 돌이켜 보고 썼음을 알 수 있다.

2. "여부스 족속이 오늘까지 예루살렘에 거주하였다"(1:21)는 구절은 다윗이 예루살렘을 정복하기 전에 사사기가 기록되었음을 밝혀준다(참조, 삼하 5:6~7).

3. 게셀에 가나안 사람이 있다는 언급은(1:29) 애굽의 바로가 딸의 결혼 지참금으로 게셀을 솔로몬에게 주기 이전임을 추측게 한다(참조, 왕상 9:16).

사사기의 저자가 누구라고 확정해 주는 내적인 증거는 없지만 탈무드(*Baba Bathara*, 14절 하)는 사사기, 룻기, 사무엘서의 저자가 사무엘이라고 하였다. 증명하기는 어렵지만 사무엘을 사사기의 저자로 삼는 것이 사무엘이 책을 기록했다는 사실(삼상 10:25)과 위에서 말한 내적인 증거들과 부합된다. 그러므로 사사기는 BC 1040년과 1020년 사이에 기록된 것 같다. 구전이나 문자로 기록된 초기 자료들은 여호수아의 죽음으로부터 왕정의 발흥에 이르는 이스라엘의 역사와 같은 시대에 살던 영감 받은 저자에 의해 확실히 사용되었다.

사사 시대의 연대기

학자들은 사사 시대가 여호수아가 죽은 때부터 시작하여 사울이 즉위한 때에 끝났음을 인정한다. 그러나 학자들은 이 두 사건 사이의 기간이 얼마나 되는지에 대해서는 의견을 달리한다. 대부분의 학자들은 BC 1051년에 사울의 통치 아래 왕정이 시작했다는 것에는 동의하기 때문에 논쟁의 중심은 여호수아가 죽은 시기에 있다.

여기서 특별히 모세의 인도 아래 진행된 출애굽의 연대가 문제 된다. 많은 보수적인 학자들은 출애굽을 BC 1446년으로 보지만 대부분의 자유주의 신학자들은 보다 후기 연대(BC 1280~1260년)로 주장한다. 보수주의의 주장은 열왕기상 6장 1절과 사사기 11장 26절에 기록된 숫자들을 문자적으로 받아들인다(출애굽의 연대에 대해서는 출애굽기 주석의 서론을 보라). 따라서 출애굽의 후기 연대를 따르는 학자들은 사사기의 연대를 BC 1220년에서 1050년으로 보지만, 초기 연대를 따르는 사람들은 사사기의 연대를 BC 1390~1350년에서 시작하여 BC 1050년에 끝난 것으로 본다.

사사기의 연대가 BC 1350년에 시작했다는 증거는 분명하다(참조, Eugene H. Merrill, "사도행전 13장 20절의 '450년'에 대한 바울의 사용", *Bibliotheca Sacra* 138, July–September 1981, 249~250). 여호수아보다 오래 산 장로들도(삿 2:7; 수 24:31) 출애굽한지 2년 뒤인 1444년, 즉 가나안에 정탐꾼을 보냈을 그해에 20살 정도였을 것이다. 만일 그들이 110세(여호수아의 수명. 수 24:29)를 살았다면 그들 중 최고령자는 BC 1354년에 죽었을 것이다(BC 1464년에 태어나 110년을 살았다면 BC 1354년에 죽게 된다). 첫 번째 억압(구산 리사다임에 의한. 삿 3:8)을 야기시킨 우상 숭배는 이들 장로들이 죽은 후 시작된 것 같다(2:7).

연대를 측정할 수 있는 사건으로 사사기에 기록된 두 번째 사건은 암몬 족속에 의한 길르앗 점령 사건이다(11:26). 입다는 여기서 이스라엘이 요단 동편을 점령(BC 1406년으로 추산)한 지 300년이 지났다고 말했다. 그러므로 1106년은 입다가 사사 직분을 시작한 시기이거나 암몬 족속이 침략한 시기로 볼 수 있다. 그리고 삼손이 사사 직분을 수행한 시기(BC 1105~1085년으로 추산)와 엘리(BC 1144~1104년으로 추산), 사무엘(BC 1104~1020년으로 추산)의 연대는 사울의 통치 연대로부터 정확히 재구성할 수 있다(Merrill, 250~252).

불충분한 증거로 인해 다른 사사들의 대부분 정확한 연대에 대해서 논쟁이 야기될 수 있다. 일례로, 『존더반 성경 사전』(*Zondervan Pictorial Encyclopedia of the Bible*, Grand Rapids: Wm. B. Eerdmans Publishing Co., 1975)에 나오는 J. 바톤의 "구약 성경의 연대"와 Merrill F. 엉거의 『고고학과 구약 성경』(*Archaeology and the Old Testament*, Grand Rapids: Zondervan Publishing House, 1954, 158~187), 그리고 John C. 휘트콤의 『구약의 족장과 사사시대 도표』(*Chart of Old Testament Patriarch*), 『사사 시대의 괴로운 시절』(*Distressing Days of the Judges*, 10~21, 303~304, 341~342, 409~411) 등은 서로 다르다.

사사들의 통치 기간과 앞서 박해받은 시기를 합하면 410년에 이른다. 이 기간은 여호수아와 사울 사이의 기간보다 확대된 것이다. 그래서 학자들은 박해의 시기와 사사 직분이 수행된 시기는 일부분 겹쳐졌다고 본다. 그렇게 보는 것은 대부분의 사사들의 지리적으로 이스라엘의 한정된 부분만 통치했기 때문이다.

역사적, 신학적 배경

역사적으로 사사기는 여호수아서에 계속된다. 두 책은 여호수아의 죽음을 되풀이하여 기록함으로 서로 연결된다(참조, 삿 2:6~9; 수 24:29~31). 여호수아의 군사적 업적은 가나안 족속들의 동맹의 '배후를 쳐부수는' 일이었으나(수 11:16~23) 대부분의 지역들은 개개의 지파들에 의해 점유되도록 남겨졌다(수 13:1; 삿 1:2~36). 가나안 족속들은 사사 시대에 그들의 머리를 다시 들어 올렸다(4:2). 사사기는 여호수아의 승리를 회상할 뿐 아니라 이스라엘에 있어서 왕정의 설립을 내다보고 있다(17:6; 18:1; 19:1; 21:25; 삼상 8:7; 12:12를 8:23과 비교).

신학적으로 사사 시대는 모세와 여호수아를 통한 여호와의 사역과, 왕정의 기름부음 받은 왕들을 통한 여호와의 간접적인 통치 사이에 전환기를 형성하였다. 사사시대 기간에 여호와께서는 그의 백성 이스라엘을 그들의 적들로부터 구원하기 위해 그의 영으로 기름 부음 받은 구원자들을 일으켜 세웠다. 여호와께서 그의 백성의 죄를 처벌하기 위해 그들을 원수들의 손에 붙이신 것은 하나의 아이러니이다(참조, 삿 3:1~6의 주해).

사사들의 역할

히브리어 쇼파트(שֹׁפֵט)는 '재판관'이라는 말보다 더 넓은 의미를 지닌다. 그것은 행정권(군사 포함)과 사법권을 모두 가진 지도자를 가리키는 일반적인 용어이다. 그래서 이스라엘의 사사는 엄밀히 말해서 재판관의 기능을 함께 가진 군사적, 정치적 지도자였다(참조, 4:5).

목적과 주제

사사기의 목적은 이스라엘의 배도(背道)에 대한 하나님의 심판을 보여 주는 데 있다. 더욱 구체적으로 말한다면 사사기는 하나님이 주권적인 선택으로 영(靈)을 받은 지도자들을 통해 역사(役事)하시는 야웨의 왕권을 이스라엘이 불순종한 것과, 야웨께서 이스라엘 국가 전체에 왕권을 행사하는 수단으로써 중앙집권적이고 세습적인 왕 제도가 필요하게 되었음을 기록한 것이다. 이스라엘은 야웨께 순종하지 않고 가나안 족속의 신들을 섬겼기 때문에 하나님의 복을 경험하지 못하고 그들의 적들을 완전히 정복하는 데 실패했다(3:1~6). 도덕적, 사회적 영역에 걸친 가나안 족속의 영향은 이스라엘 백성을 배도와 무정부 상태로 이끌었고 이는 이스라엘에 세습적이고 중앙집권적인 왕정을 필요로 하게 했다.

이스라엘의 사사들				
침략자	**침략 수**	**사사**	**통치 햇수**	**성경 구절**
아람 사람	8년	1. 옷니엘	40년	사사기 3:7~11
모압 사람	18년	2. 에훗	80년	사사기 3:12~30
블레셋 사람	?	3. 삼갈	?	사사기 3:31
가나안 사람	20년	4. 드보라	40년	사사기 4~5장
미디안 사람	7년	5. 기드온	40년	사사기 6~8장
?	?	6. 돌라	23년	사사기 10:1~2
?	?	7. 야일	22년	사사기 10:3~5
함몬 사람	18년	8. 입다	6년	사사기 10:6~12:7
?	?	9. 입산	7년	사사기 12:8~10
?	?	10. 엘론	10년	사사기 12:11~12
?	?	11. 압돈	8년	사사기 12:13~15
블레셋 사람	40년	12. 삼손	20년	사사기 13~16장

• 기드온의 아들 아비멜렉(삿 9장)이 사사로 간주될 수도 있지만 그는 권한을 탈취한 것이지 하나님이 그를 사사로 선택하신 것이 아니기 때문에 여기서는 제외된다.

개요

I. 발단: 사사 시대로 이끄는 사건들(1:1~2:5)

A. 정치적, 군사적 배경 : 이스라엘의 부분적 가나안 정복(1장)

  1. 남부 가나안 정복에서 승리한 유다와 시므온 지파(1:1~20)

  2. 여부스 족속을 제거하는 데 실패한 베냐민(1:21)

  3. 중앙 가나안을 점령하는 데 부분적으로 성공한 요셉 지파(1:22~29)

  4. 북방 가나안에서 실패한 이스라엘 지파들(1:30~33)

  5. 아모리 족속에 의해 산지(山地)에서 제한받은 단(1:34~36)

B. 종교적, 영적 상태: 이스라엘에 의해 깨진 하나님의 언약(2:1~5)

  1. 하나님의 사자가 행한 선언(2:1~3)

  2. 이스라엘 백성의 응답(2:4~5)

II. 기록: 사사들의 행동을 보여 주는 사례들(2:6~16:31)

A. 사사 시대의 도입(2:6~3:6)

  1. 여호수아의 죽음(2:6~10)

  2. 사사 시대의 패턴(2:11~19)

  3. 언약을 깨뜨린 결과들(2:20~23)

  4. 주위 민족과의 혼합(3:1~6)

B. 억압과 구원(3:7~16:31)

  1. 옷니엘에 의한 구원(3:7~11)

  2. 에글론의 침략에서 구원한 에훗(3:12~30)

3. 블레셋의 침략에서 구원한 삼갈(3:31)

4. 가나안 족속의 침략에서 구원한 드보라와 발락(4~5장)

5. 미디안 족속의 침략에서 구원한 기드온(6:1~8:32)

6. 아비멜렉의 정권 탈취 이후 사사 직분을 수행한 돌라와 야일

   (8:33~10:5)

7. 암몬 족속의 침략에서 구원한 입다(10:6~12:7)

8. 입산, 엘론, 압돈(12:8~15)

9. 블레셋으로부터 구원한 삼손(13~16장)

III. 후기: 사사 시대의 상황들(17~21장)

A. 종교적 배도: 미가의 우상 숭배와 단 지파의 이주(17~18장)

   1. 미가의 우상 숭배(17장)

   2. 단 지파가 북으로 이주함(18장)

B. 도덕적 타락: 기브아의 만행과 베냐민 지파와의 전쟁(19~21장)

   1. 레위인의 첩을 능욕함(19장)

   2. 베냐민 지파와의 전쟁(20장)

   3. 베냐민 지파의 보존(21:1~24)

   4. 사사 시대의 특징(21:25)

וַיְהִי אַחֲרֵי מוֹת יְהוֹשֻׁעַ וַיִּשְׁאֲלוּ בְּנֵי יִשְׂרָאֵל

וַיֹּאמֶר יְהֹוָה יְהוּדָה יַעֲלֶה הִנֵּה נָתַתִּי אֶת־הָאָרֶץ בְּיָדוֹ

וַיֹּאמֶר יְהוּדָה לְשִׁמְעוֹן אָחִיו עֲלֵה אִתִּי בְגוֹרָלִי וְנִלָּחֲמָה בַּכְּנַעֲנִי וְהָלַכְתִּי גַם־אֲנִי אִתְּךָ בְּגוֹרָלֶךָ וַיֵּלֶךְ אִתּוֹ שִׁמְעוֹן

וַיַּעַל יְהוּדָה וַיִּתֵּן יְהֹוָה אֶת־הַכְּנַעֲנִי וְהַפְּרִזִּי בְּיָדָם וַיַּכּוּם בְּבֶזֶק עֲשֶׂרֶת אֲלָפִים אִישׁ

וַיִּמְצְאוּ אֶת־אֲדֹנִי בֶזֶק בְּבֶזֶק וַיִּלָּחֲמוּ בּוֹ וַיַּכּוּ אֶת־הַכְּנַעֲנִי וְאֶת־הַפְּרִזִּי

וַיָּנָס אֲדֹנִי בֶזֶק וַיִּרְדְּפוּ אַחֲרָיו וַיֹּאחֲזוּ אֹתוֹ וַיְקַצְּצוּ אֶת־בְּהֹנוֹת יָדָיו וְרַגְלָיו

בְּהֹנוֹת יְדֵיהֶם וְרַגְלֵיהֶם מְקֻצָּצִים הָיוּ מְלַקְּטִים תַּחַת שֻׁלְחָנִי כַּאֲשֶׁר עָשִׂיתִי כֵּן שִׁלַּם־לִי אֱלֹהִים וַיְבִיאֻהוּ יְרוּשָׁלַ͏ִם וַיָּמָת שָׁם פ

וַיֹּאמֶר אֲדֹנִי־בֶזֶק שִׁבְעִים מְלָכִים

וַיִּלָּחֲמוּ בְנֵי־יְהוּדָה בִּירוּשָׁלַ͏ִם וַיִּלְכְּדוּ אוֹתָהּ וַיַּכּוּהָ לְפִי־חָרֶב וְאֶת־הָעִיר שִׁלְּחוּ בָאֵשׁ

וְאַחַר יָרְדוּ בְּנֵי יְהוּדָה לְהִלָּחֵם בַּכְּנַעֲנִי יוֹשֵׁב הָהָר וְהַנֶּגֶב וְהַשְּׁפֵלָה

וַיֵּלֶךְ יְהוּדָה אֶל־הַכְּנַעֲנִי הַיּוֹשֵׁב בְּחֶבְרוֹן וְשֵׁם־חֶבְרוֹן לְפָנִים קִרְיַת אַרְבַּע וַיַּכּוּ אֶת־שֵׁשַׁי וְאֶת־אֲחִימַן וְאֶת־תַּלְמָי

The Bible Knowledge
Commentary 4

Judges
～♦ 주해 ♦～

The Bible Knowledge
Commentary

주해

I. 발단: 사사 시대를 이끄는 사건들(1:1~2:5)

사사들의 영웅적인 활동들을 언급하기 전에 소개하는 두 부분(1:1~2:5와 2:6~3:6)이 나온다. 이들 두 부분 중 두 번째는 사사 시대를 신학적으로 분석하면서 책의 나머지 부분을 문학적으로 적절히 소개해 준다. 그러나 이보다 먼저 정치적, 군사적 상태(이스라엘의 부분적 가나안 정복)와 종교적, 영적 상황(이스라엘에 의해 깨진 하나님의 언약)이 배경으로 소개된다.

이 배경 부분(1:1~2:5)에서 해석상에 문제를 일으키는 주요한 것은 여호수아의 죽음과 관련된 연대 문제이다. 이 위대한 지도자의 죽음이 (수 24:29~31에 이미 기록된) 사사기 2장 6~10절에서 정리하는 형태로 다시 서술된다. 사사기 2장 10절과 다음에 나오는 구절은 분명히 여호수아가 죽고 난 뒤 성장한 새로운 세대가 경험한 사건들을 언급한다. 그러나 사사기 1장 1절~2장 5절의 사건들은 여호수아의 죽음과 어떻게 관계가 있을까? 사사기는 분명히 "여호수아가 죽은 후"를 언급하면서 시작하고 지파들이 가나안을 점령하는 사건들이 뒤따라 온다. 그러나 이 사건

들이 여호수아가 죽은 이후의 사건이라면 왜 여호수아의 죽음이 2장 8절에서 서술되고 있을까?

이 문제들에 대해 세 가지 대답이 있다. 어떤 학자들은 1장 1절~2장 5절의 모든 사건들을 여호수아가 죽고 난 뒤 발생한 것으로 간주한다. 이 견해에 따르면 사사기 1장과 여호수아서에 나오는 정복 기사는 전혀 다른 두 종류의 사건을 가리킨다는 것이다. 즉 여호수아의 지도 아래 이스라엘 군대가 처음으로 군사적으로 거둔 성과와, 실제적인 점령을 위해 여호수아가 할당한 개개의 지역들을 지파들이 뒤를 이어 점유한 사건은 시간적으로 서로 다른 사건이라는 것이다. 그러나 이 견해는 많은 문제점들이 있다. 여호수아가 이스라엘 지파들을 총회로 모이게 했을 때(수 24:1) 지파들은 그들의 분배받은 기업으로부터 모였고(수 24:28) 이것은 지파들의 점령이 이미 이루어졌음을 의미한다(수 15:13~19).

두 번째 견해는 사사기 1장 11~15절의 사건(옷니엘이 드빌을 정복한 것과 관련된 사건)만큼은 최소한 여호수아 15장 16~19절에 병행된다고 본다. 이 견해에 따르면 사사기 1장에 나오는 이야기는 여호수아가 죽은 이후에 시작하지만, 아마도 10절에서 과거완료 시제(시제의 구별은 히브리어에서 정황을 결정한다)로 변화하며, 예를 들면 "그들이 갔었다"(10절)로 읽어야 할 것이다. 이 견해는 가능하기는 하지만 이 장의 전체적인 순서에 혼란을 가져다준다.

세 번째 견해는 이 책을 여는 "여호수아가 죽은 후"라는 문구를 사사기 전체에 대한 서두로 보고, 여호수아가 죽은 이후의 실제 사건들은 2장 8절의 임종 기사가 나오기 전까지는 전혀 이야기되지 않았다고 본다. 이 견해가 가장 연대기적 문제들이 적고 1장 전체의 흐름을 정당하게 보여 준다.

어떤 견해를 취하든지 분명한 것은 지파들에 의한 점령 전쟁이(1장) 여호수아의 지도 아래 있었던 정복 전쟁과 영토의 분배 후에 일어났다는 것이다. 사사기 1장의 기록이 여호수아의 죽음 이전이든 죽음 이후의 사건이든 간에, 지파들의 영토 점유는 확실히 여호수아가 죽기 전에 시작되었다.

A. 정치적, 군사적 배경 : 이스라엘의 부분적 가나안 정복(1장)

1. 남부 가나안 정복에서 승리한 유다와 시므온 지파(1:1~20)

a. 유다가 첫 번째로 지명됨(1:1~2)

1:1~2 이스라엘 백성은 분배받은 영토를 점령하라는 여호수아의 명령(수 18:3; 23:5)에 따라 화평 중에 있는 가나안 족속들과 싸우기를 원했다.

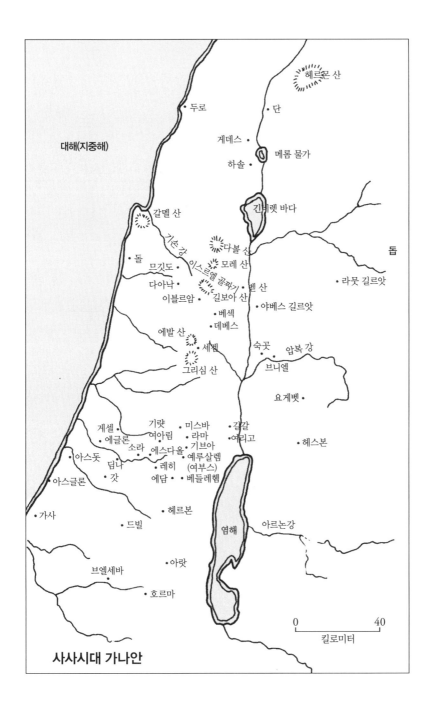

대해(지중해)

헤르몬 산

두로

단

게데스

하솔

메롬 물가

긴네렛 바다

돕

갈멜 산

기손강

다볼 산

모레 산

돌

므깃도

이스르엘 골짜기

라못 길르앗

다아낙

벧 산

이블르암

길보아 산

야베스 길르앗

베섹

데베스

에발 산

세겜

숙곳

압복 강

그리심 산

브니엘

요게벳

게셀

기럇여아림

미스바

길갈

에글론

소라

라마

여리고

아스돗

에스다올

기브아

헤스본

담나

레히

예루살렘
(여부스)

아스글론

갓

에담

베들레헴

가사

헤르본

염해

아르논강

드빌

브엘세바

아랏

호르마

0   40
킬로미터

사사시대 가나안

가나안 땅이 비록 하나님에 의해 주어지고 **여호수아**에 의해 정복되어 분배되었지만, 각 지파마다 남아 있는 가나안 족속들을 제거하기 위해 투쟁해야 할 필요가 여전히 있었다. 그들이 어떤 경로를 통해 묻고, 하나님은 어떤 경로를 통해 대답하셨는지는 분명히 나타나 있지 않다. 어쩌면 장막 성전에서 대제사장에 의해 우림과 둠밈으로(출 28:30; 민 27:21; 삼하 14:37~43), 혹은 하나님이 직접 말씀하셨을 수도 있다. 하나님이 유다를 선택하신 것은(여기서 야곱 아들들 이름은 지파 전체를 의미한다) 족장 야곱의 축복과(창 49:8) 관련이 있다. 12지파의 위치는 여호수아 14장 주해에서 "이스라엘 지파에게 분배된 가나안 땅" 지도를 보라.

b. 시므온이 유다와 동행함(1:3)

1:3 유다와 시므온의 군사적 동맹은 **시므온** 지파에게 **분배된** 기업이 유다 지파의 남쪽 경계에 있기 때문에 당연한 결과다(수 19:1~9). 물론 유다와 시므온은 같은 레아의 자식이란 혈연적인 끈이 있다(창 29:33~35). 그들의 공동 적은 가나안 족속으로서, 여기서 사용된 용어는 아마도 요단 서쪽의 가나안에 사는 주민들 모두를 가리키는 일반적인 표현일 것이다. 엄격한 의미로 가나안 족속이라고 할 때는 해안 평야와 골짜기에 사는 주민을 가리키며, 산지에 살고 있는 주민은 아모리 족속이라고 불린다(참조, 민 13:29; 삿 1:34~36; 3:5).

c. 베섹에서 하나님이 주신 승리(1:4~7)

1:4~7 유다가 가나안 족속과 브리스 족속과 싸우자 하나님이 승리하게

하셨다. 브리스 족속은 가나안 족속과 구별되는 원주민인 듯하다. 어쩌면 종족적인 용어라기보다는 '빈농'을 의미하는 사회적 용어일 수도 있다. 유다는 베섹에서 만 명을 죽였는데 아마 사울이 야베스 길르앗에서 암몬 사람을 치기 위해 군대를 소집한 베섹(오늘날의 키르벳 이브지프[Khirbet Ibzip])과 같은 곳일 것이다. 아도니-베섹이란 '베섹의 방백'이란 뜻이다. 그러나 몇몇 학자들은 그를 예루살렘의 왕, 아도니세덱과 일치시킨다(수 10:1, 3).

이스라엘 백성이 그의 엄지손가락과 엄지발가락을 자른 야만스러운 행동은 하나님이 명령했거나 권하신 것이 아니었다. 그러나 아도니 베섹은 자신이 오래전에 칠십 명의 왕들에게 똑같이 행한 적이 있기에 그 일에 대한 천벌로 알았다. 현대적인 표준으로 보면 잔인하지만, 이것은 적절한 행위다. 엄지손가락이 없으면 무기를 사용하기 곤란하고 엄지발가락이 없으면 전투에 나가지 못하기 때문이다. 왕의 주요한 기능은 전쟁을 수행하는 일이기에(참조, 삼하 11:1) 이 같은 절단은 그에게 왕 직을 수행할 능력을 상실케 했다. 그의 백성이 그를 가나안의 중요한 도성인 예루살렘으로 데리고 갔고, 그는 거기서 죽음을 맞았다.

d. 예루살렘에 대한 성공적인 공격(1:8)

1:8 유다가 예루살렘 파괴에 성공했다는 것은 단지 요새화되지 않은 남서쪽 산지를 가리키는 것으로 보인다. 다른 경우에, 유다는 여부스 족속을 영원히 쫓아내지 못했고(수 15:63) 베냐민 사람들도 더 이상 성공하지 못했다(삿 1:21).

e. 남쪽과 서쪽에서의 유다의 정복(1:9~20)

(1) 정복의 요약

1:9 유다 지파(시므온 지파를 포함하여)가 배정받은 예루살렘 남쪽 가나안 땅은 지역적으로 산지와(예루살렘에서 헤브론에 이르는 중앙산맥 지역), 네게브(브엘세바에서 동서로 가로지르는 지역)와 산지에서 해안 평야에 이르는 서부 산기슭(이 지역은 18~19절까지는 언급되지 않음)으로 되어 있다.

(2) 헤브론의 정복

1:10 헤브론('동맹'이라는 뜻)의 옛 이름은 기럇 아르바('넷의 성읍'이라는 뜻으로, 아마도 네 도시가 동맹 맺은 것을 가리키는 것 같음)인데, 혹자는 그 성읍을 세운 사람을 아낙의 아비인 아르바(수 14:15; 15:13; 21:11; 삿 1:20)로 보기도 한다. 헤브론은 예루살렘 남서쪽으로 30킬로미터 떨어진, 해면보다 850미터 높은 골짜기에 위치한 장소이다. 헤브론은 아브라함에게도 잘 알려져 있었고(창 13:18), 후에 다윗은 처음 통치했던 7년 반 동안 이곳을 수도로 삼았다(삼하 5:5). 세새, 아히만, 달매는 아낙의 후손으로(참조, 삿 1:20; 수 15:14) 남부 산지에 사는 토착민이었는데(민 13:22, 28; 수 11:21~22) 헤브론 근처에서 유다 사람들에 의해 죽었다. 이때인지 그 전인지 알 수 없지만, 갈렙은 헤브론을 패배시키는 데 앞장섰다(참조, 삿 1:20; 수 15:14).

(3) 드빌의 정복

1:11~15 전략적으로 중요한 가나안 족속의 성읍인 드빌(참조, 수

10:38; 12:13)은 한때 학자들에 의해 헤브론 서남쪽 18킬로미터 지점인 텔 베이트 미르심(Tell Beit Mirsim)으로 생각되었으나, 최근에는 헤브론에서 18킬로미터 서남쪽에 떨어진 키르벳 라부드(Khirbet Rabud)로 여겨진다. 옛 이름은 '기록의 성읍'이란 뜻을 가진 **기럇 세벨**인데 왜 그런 이름을 가졌는지는 알 수 없다. 갈렙이 가나안을 정탐하고 돌아온 충성스러운 두 명의 정탐꾼 중 하나인 까닭에 모세로부터 헤브론을 약속받은 일이 있었다(민 14:25; 수 14:6~15; 삿 1:20). 드빌도 갈렙의 몫으로 지정된 모양인데 헤브론을 정복한 후 갈렙은 드빌을 공격하는 데 앞장설 사람을 구했다. 그는 드빌을 함락시킨 사람을 자기 **딸 악사**와 **결혼시키겠다**고 했다. 갈렙의 아우(만약 "아우"가 그나스를 가리키는 것이라면) 조카 옷니엘이 도시를 정복했고 악사의 마음도 얻었다.

만일 그나스가 옷니엘의 아버지 이름이라면 옷니엘은 갈렙과 어머니가 같을지도 모른다. 갈렙의 아버지는 "그나스 사람 여분네"였다(민 32:12). 혹 '그나스 자손'이 '겐 족속'(유다 지파와 결합한 에돔의 한 부족. 참조, 창 36:11)일 수도 있다. 갈렙과 옷니엘은 그들의 어머니가 유다 지파 출신일 경우 자연적으로 유다 사람이 되었을 것이다. **악사**는 갈렙으로부터 **밭**을 구하자고 **옷니엘**에게 재촉하고는, 그녀 자신은 아버지로부터 **샘**을 결혼 선물로 받았다. **윗샘**과 **아랫샘**이란 풍성한 선물이 주어졌다. 건기에 키르벳 라부드의 물 공급 체계가 북쪽으로 3킬로미터 가량 떨어진 알라카의 윗샘과 아랫샘에 의존한다는 사실은 주목할 만하다.

(4) 겐 족속의 거주지

1:16 겐 사람들은 아말렉 족속(참조, 삼상 15:6)과 미디안 족속(참조, 출 18:1)과 같이 유랑하는 민족이었다. 모세의 장인 이드로는 미디안의 제

사장이었다(출 18:1). 종려나무 성읍은 여리고의 오아시스다(신 34:4; 삿 3:13). 유다 황무지에 살던 사람들은 아말렉 족속이었을 것이다. 아랏(참조, 민 21:1~3)은 헤브론 남쪽 26킬로미터 지점인 텔 아라드(Tell Arad)로 추정되나 일부 학자들은 고대 가나안의 아라드를 남서쪽으로 13킬로미터 더 떨어진 텔 엘-밀(Tell el-Milh)로 생각한다.

(5) 호르마의 정복

1:17 유다 지파는 시므온 지파와 함께 브엘세바에서 동쪽으로 11킬로미터 정도에 있는 스밧(수 19:4)이라는 그들의 몫을 공격했다. 이전에도 공격을 한 적이 있었지만(민 21:2~3) 이번에는 완전히 성읍을 진멸했다. '진멸했다'는 말은 히브리어로 하람(חָרַם)으로 성읍에 거주하는 것을 완전히 '바쳐서' 파괴하는 거룩한 전쟁을 가리킨다(여호수아 6장 21절의 주해를 참조하라). 이것은 성에 붙여진 이름에도 나타난다. 즉 호르마란 '봉헌' 또는 '진멸'이란 뜻이다.

(6) 해변 도시에 대한 승리

1:18 가사, 아스글론, 에그론은(후에 아스돗과 가드와 함께 블레셋의 다섯 도시를 이룸) 해안 평지에 있었다. 유다 지파가 이들 성읍을 취했다는 내용은 19절에 나오는 "그들을 쫓아내지 못했다"는 내용과 모순이 된다. 그러나 이것이 유다가 성읍들에 대해 승리한 사실을 부정하는 것은 아니다. 다만 유다 사람들이 거민들을 쫓아내지 못해 성읍을 차지하지 못했음을 뜻할 뿐이다.

(7) 정복한 성읍들의 부분적인 점령

1:19 유다는 하나님이 함께하심으로 산지를 빼앗았다(참조, 22절). 본문은 그들이 골짜기의 거민들을 쫓아내지 못한 이유로 하나님이 함께하시지 않았기 때문이 아니라 적들이 가지고 있는 **철 병거**에 의한 것처럼 설명한다. 그러나 사사기 기자는 나중에 이스라엘이 가나안 사람을 쫓아내지 못한 것은 모세와의 언약을 지키지 않았기 때문이라는 하나님의 책망(2:2~3)을 기록하였다.

(8) 갈렙에게 헤브론이 배당됨

1:20 결론적으로 헤브론은 모세의 약속에 따라(민 14:24; 신 1:36; 수 14:9; 15:13) 갈렙이 차지하게 되었다. 갈렙은 아낙의 세 가문을 패퇴시키는 과정에서 유다 지파 중 뛰어난 지도자가 되었다.

2. 여부스 족속을 제거하는 데 실패한 베냐민(1:21)

1:21 예루살렘은 유다와 베냐민의 경계 선상에 있었다. 유다가 예루살렘에 부분적으로, 그리고 일시적으로 승리한 후, 베냐민이 여부스 족속을 쫓아내지 못했기에, 그들은 다윗의 시대까지 남동쪽의 요새로 된 언덕에서 계속 거주했다(삼하 5:6~9). 여부스 족속은 또한 여부스라고 알려진 성읍에 살던 가나안 거민들이기도 했다(삿 19:10~11).

3. 중앙 가나안을 점령하는 데 부분적으로 성공한 요셉 지파
(1:22~29)

a. 벧엘 정복(1:22~26)

1:22~26 벧엘 성읍에서 요셉의 가문이(에브라임과 므낫세. 참조, 창 48장) 승리한 열쇠는 하나님이 그들과 함께하셨기 때문이다(참조, 삿 1:19). 여호와에 대한 신앙과 그와의 언약에 대한 순종은 가나안 점령을 성공하게 했다. 그러나 다른 성읍들로부터 가나안 사람들을 제거하는 데 실패한 것(27~29절)은 신앙의 결핍과 불순종이 점점 증가했음을 나타낸다(참조, 2:1~5).

벧엘('하나님의 집')은 이스라엘 역사상 중요한 곳으로(창 12:8; 28:10~22; 35:1~15) 예루살렘 북쪽으로 16~20킬로미터 떨어진, 에브라임과 베냐민 사이에 있던 중앙 고지대이다. 이곳은 전략적으로 남북 무역의 통로에 위치했으며, 서쪽의 지중해 해안에서 동쪽의 여리고를 경유한 요단 계곡에서 교통이 만나는 곳이다. 벧엘은 보통 예루살렘에서 20킬로미터 북쪽에 위치한 현재의 베이틴(Beitin)과 같은 장소로 여겨지나, 그보다 3킬로미터 남쪽에 있는 엘-비레(el-Bireh)인 듯 보이는 증거도 있다(참조, 데이비드 리빙스턴, "성경에 나타난 벧엘과 아이의 위치", *Westminster Theological Journal* 33. November 1970, 20~44; "의문스러운 벧엘의 전통적 위치", *Westminster Theological Journal* 34, November 1971, 39~50).

벧엘을 정탐하러 간 **정탐꾼**들이 성으로 들어가는 출입구를 발견할 수 없었을 때, 성의 거주자 한 사람에게 안전을 보장함으로 접근하는 방법을 알아냈다. 성을 함락시킨 후 이 사람은 가족을 데리고 북쪽 시리아

지방으로 갔다(즉, 헷 사람들의 땅으로. 참조, 수 1:4). 아마 그의 고향으로 보이는 벧엘의 옛 이름을 따서 루스라는 도시를 건설했다(삿 1:23).

b. 므낫세의 실패(1:27~28)

1:27~28 이스르엘 골짜기를 지키겠다는 가나안 족속들의 결심은 그들을 쫓아내려는 므낫세 지파의 신앙심보다 더 강했다. 가나안 족속에게 노역을 시키는 데 그친 이스라엘의 타협은(참조, 30, 33, 35절), 다른 지파들에게도 나타나는 불충실한 순종을 가리킨다. 벧스안은 하롯(Harod) 골짜기 동쪽에 위치한 전략적 도시이고 이블르암, 다아낙, 므깃도는 이스르엘 골짜기로 들어가는 길목에 자리 잡은 성읍들이며, 돌은 갈멜 산 남쪽 해안에 위치한 성이다.

c. 게셀에서 가나안 사람을 쫓아내는 데 실패한 에브라임 지파(1:29)

1:29 게셀은 아얄론 골짜기로 들어가는 에브라임 산지의 남서쪽 경계에 위치한 전략적 도시이다. 이곳은 아얄론 골짜기를 통과해 예루살렘이나 벧엘로 가는 동서를 잇는 길과 해안의 고속도로가 연결되는 교차로에 있다. 북쪽에서 므낫세 지파가 그러했듯이 에브라임 지파는 가나안 사람이 그들 가운데 살도록 허락했다(참조, 27~28절).

4. 북방 가나안에서 실패한 이스라엘 지파들(1:30~33)

a. 스불론 지파의 실패(1:30)

1:30 스불론 지파의 불충분한 순종은 기드론과 나할롤의 가나안 족속에게 노역을 시키는 데 그쳤다는 점에서 므낫세와 에브라임 지파를 닮았다. 이들 확인이 되지 못한 성읍들은 이스르엘 골짜기 북서쪽에 위치했을 것이다.

b. 아셀 지파의 실패(1:31~32)

1:31~32 아셀 지파는 자신들이 가나안 족속 가운데 거주했다는 점에서, 므낫세와 스불론 지파가 자기들 가운데 가나안 족속을 살게 하면서 노역을 시킨 것에 비할 때(참조, 28, 30절) 더 큰 불순종을 저질렀다. 31절에 언급된 가나안의 성읍들은 훗날 페니키아로 알려진 지역에 위치하고 있었다.

c. 납달리 지파의 실패(1:33)

1:33 납달리 지파도 마찬가지로 가나안 족속 가운데 살면서 그들에게 노역을 시켰다. 벧세메스와 벧아낫은 갈릴리 위아래 지방으로 추측된다.

5. 아모리 족속에 의해 산지(山地)에서 제한받은 단(1:34~36)

1:34~36 아모리 족속은 단 지파가 평지로 내려오지 못하게 했다. 아모리 족속은 단 지파를 산지에서 내려오지 못하게 함으로 결국 단 지파를 갈릴리 북쪽 라이스로 이주하도록 만들었다(참조, 18장). 서쪽으로는 산지 입구인 아얄론과 6킬로미터밖에 여유가 없고 동쪽으로는 베냐민과 경계를 이루기 때문이었다.

B. 종교적, 영적 상태 : 이스라엘에 의해 깨진 하나님의 언약(2:1~5)

1. 여호와의 사자가 행한 선언(2:1~3)

2:1상 여호와의 사자(使者)가 길갈에서부터 보김으로 왔다. 이 여호와의 사자는 단순한 천사가 아니었다. 그는 성육신 이전의, 삼위일체의 제2인격이 나타난 것이다. 이러한 나타남은 모세(출 3:2~15; 민 22:22~35)와 여호수아(수 5:13~15)의 시대에 두드러졌는데, 사사 시대에는 기드온(삿 6:11~24)과 삼손의 부모(13:3~21)에게도 나타났다. 여호와의 사자는 자신을 여호와(수 5:13~15; 삿 6:11~24; 슥 3장)로, 또는 하나님(창 32:24~32; 출 3:4)으로 불렀으며, 신의 성품과 특권을 가졌음으로(참조, 창 16:13; 18:25; 48:16) 신(神)인 것이다. 그러나 이 여호와의 사자는 여호와와 구별되기도 한다(민 20:16; 슥 1:12~13). 신약 성경은 구약 성경에 나오는 여호와의 사자가 예수 그리스도였음을 암시한다(요 12:41; 고

전 10:4; 요 8:56; 히 11:26).

'길갈'은 이스라엘 백성이 요단 강을 건넌 후 처음 진을 친 곳이다. 거기서 그들은 할례를 받았고 언약에 대한 믿음과 순종을 약속했다(수 5:2~12). 길갈은 여리고 근처에 있는데 아마 구약 성경의 여리고에서 북동쪽으로 2킬로미터 떨어져 있는 키르벳 알-마프얄(Khirbet al-Mafjar)로 추측된다. 벧엘 근처의 '곡함의 상수리'(창 35:8)는 어쩌면 '보김'(우는 자들)일지도 모르나 그 장소는 확인되지 않고 있다.

2:1하~2 여호와의 사자는 명백히 여호와 자신으로서 말하였다. 그는 애굽에서 구속한 것과 모세 법을 설정한 사실(출 19:4; 20:2; 수 24:2~13)에 대해 말했다. 그는 이스라엘 백성에게 가나안 족속과 동맹을 맺지 말라는 명령과(너희는 이 땅의 주민과 언약을 맺지 말며) 우상 숭배를 금하라는 명령을(그들의 제단들을 헐라) 되풀이하여 말했다(출 23:32~33; 34:12~16; 민 33:55; 신 7:2, 5, 16; 12:3). 그 후 사자는 이스라엘이 순종하지 않았음을 선언한다(수 9장에서 기브온 족속과의 언약, 삿 1:28, 30, 33, 35에서 가나안 사람을 머물게 한 일 등). 하나님은 이스라엘의 불순종을 그들의 양심을 찌르는 질문으로 강조했다. "어찌하여 그리하였느냐?"

2:3 이스라엘이 순종하지 않았기 때문에 이스라엘로 하여금 가나안 사람들을 쫓아내려던 거룩한 계획은 포기되었다(참조, 2:20~3:6). 가나안 사람들과의 결혼은 우상 숭배를 묵인하고 더 나아가 그것에 참여하도록 만들었다. 그들의 불순종은 하나님의 진노의 심판을 초래했다. 가나안 사람의 우상 숭배라는 덫은 사사 시대에 줄곧 반복하여 나타났다.

2. 이스라엘 백성의 응답(2:4~5)

2:4~5 이스라엘 백성의 울음은 단지 장소의 이름(보킴[בּכִים]: 우는 자들)만을 남겼을 뿐이고, 진정한 회개를 보여 준 것은 아니다. 왜냐하면 백성은 그들의 불순종을 영원히 바꾸지 않았기 때문이다. 보김에서 **여호와**께 제사를 드린 것은 진정한 신앙의 표현이라기보다는 외적인 의식에 불과한 것같이 보인다.

II. 기록: 사사들의 행동을 보여 주는 사례들(2:6~16:31)

A. 사사 시대의 도입(2:6~3:6)

이 부분은 어떻게 이방 민족들이 가나안 땅에 남게 되었는지에 대해 대답해 준다. 1장 1절~2장 5절이 이 책의 역사적인 소개라면, 이 부분은 사사들의 통치 기간 중 순환 반복하는 역사의 형태와 사사들의 행동들에 대한 문학적인 소개이다.

1. 여호수아의 죽음(2:6~10)

사사기 2장 6~9절은 여호수아 24장 29~31절과 연결된다. 그리하여 여호수아 지도 아래 이루어진 정복에 관한 책은 사사들의 행동을 기록한 책과 이어진다.

a. 여호수아가 죽기 전후로 이스라엘이 순종했던 시절(2:6~7)

2:6~7 세겜에서 언약을 갱신한 후 여호수아가 이스라엘 백성을 돌려보낸 것은 여호수아 24장 1~27절에 기록되어 있다. 세겜에서 자기의 기업으로 돌아간 각 지파들은 땅을 점령하고 토착민을 몰아내며 이방 제단들을 무너뜨렸다. 대체로 이것은 여호수아가 사는 날 동안과 여호수아 뒤에 생존한 장로들이 사는 날 동안에 여호와를 섬겼던 백성에 의해 행해졌다.

이것은 애굽으로부터의 탈출, 광야 방랑, 가나안 정복에서 여호와께서 이스라엘을 위하여 행하신 모든 큰일에 대한 충성스러운 응답이었다.

b. 여호수아의 사망(2:8~9)

2:8~9 모세와 대조적으로(수 1:1~9; 민 27:12~23) 여호수아는 후계자를 선택하지 않고 죽었다. 그래서 사사 시대가 시작되었다. 여호수아의 무덤 비명은 다른 사람들과 같이 여호와의 종이었다(모세. 수 1:1; 왕들. 삼하 3:18; 대하 32:16; 약속된 메시아. 사 52:13; 53:11). 여호수아는 110세에 죽고 딤낫 헤레스(딤낫 세라로도 알려짐. 수 19:50; 24:30)에 묻혔는데, 이곳은 전통적으로 예루살렘 북서쪽 29킬로미터 근처인 티브네(Tibneh)와 동일시된다.

c. 믿음 없는 새로운 세대의 시작(2:10)

2:10 충실한 선조들이 죽은 후에 자라난 이스라엘의 새로운 세대는 여호와 하나님께 불신앙적이었다. 그들이 여호와를 알지 못하며 여호와께서 이스라엘을 위하여 행하신 일도 알지 못하였더라는 사실은 기성세대가 그들에게 하나님의 행위를 가르치는 데 실패했음을 암시한다(참조, 신 6:7). '안다'는 말은 아마도 '인정하다'(참조, 잠 3:6에서 '알다'를 '인정하다'로 번역함)라는 뜻일 것이다. 그러므로 이것은 무지가 아니라 불신앙을 가리키는 것이다. 그들은 그들을 향한 하나님의 은혜와 하나님께 대한 그들의 책임 모두를 저버렸다. 이것은 다음 구절에 언급된 우상 숭배로 이끌었다.

2. 사사 시대의 패턴(2:11~19)

300년의 역사가 이 구절에 종합되어 있다. 저자는 사사 시대에 반복, 연속하는 사건들에 관심을 집중시킨다(3:7~11의 옷니엘 이야기에서 가장 분명하게 나타난다). (1) 우상 숭배나 배교를 통해 짓는 이스라엘의 죄와 반역(2:11~13, 17, 3:7, 12; 4:1; 6:1; 10:6; 13:1), (2) 여호와 하나님의 징벌에 따라 이스라엘이 이방인의 노예가 됨(2:14~15; 3:8), (3) 이스라엘의 탄원 또는 회개(2:18; 3:9상), (4) 성령에 감동된 구원자를 통해 여호와 하나님이 구원하심(16~18절; 3:9하~10), (5) 전쟁이 멈춘 침묵의 시간(3:11). 아무튼 이 패턴은 반복되었다. 그것은 하나의 원리라기보다 하락하는 나선형의 모습이었다(참조, 2:19).

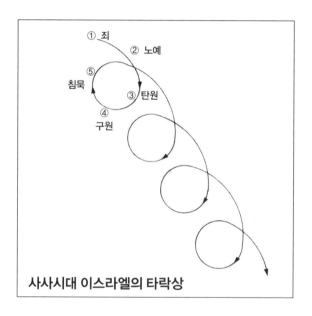

사사시대 이스라엘의 타락상

a. 이스라엘 백성의 죄(2:11~13)

2:11~13 이스라엘의 죄는 애굽 땅에서 그들을 인도하여 내신 그들의 조상들의 하나님 여호와를 배신하고 그들의 주위에 있는 백성의 신들(11절), 즉 바알과 아스다롯(13절)이라는 다양한 신들을 섬기고 예배한 것에서 절정을 이룬다(12절). 바알은 영적인 음행(17절)과 같은 우상 숭배에 있어서 '주님' 또는 '남편'을 의미하는 단어이다. '바알'은 폭풍과 전쟁의 신, 시리아의 하닷 신을 가나안 사람들이 부르는 이름이다. '바알들'이라고 복수로 부르는 것으로 보아 바알 숭배는 지역적으로 다양했음을 알 수 있다(참조, 바알브올. 민 25:3; 바알갓. 수 11:17; 바알브릿. 삿 9:4; 바알세붑. 왕하 1:2). 가나안 여신 아스다롯은 시리아에서는 아쉬토레트(Ashtoreth)로, 바벨론에서는 이쉬타르(Ishtar)로 알려져 있다(참조, 삿 3:7; 또 다른 여신인 아세라에 대한 주해). 아스다롯은 풍요의 여신이다. 바알 숭배는 상상할 수 있는 가장 부도덕한 요소들을 포함하고 있다.

b. 이스라엘의 실패와 고통(2:14~15)

2:14~15 여호와 하나님의 진노는 이스라엘의 죄와 음행에 대한 의로운 응답이다. 그가 그들을 그들의 대적에게 파셨다는 표현은, 여호와 하나님이 그의 백성을 징벌하시는 심정을 그렇게 표현한 것이다. 이들 대적들은 이스라엘 주위에 위치하여 사사 시대 동안 이스라엘을 약탈하였다. 이스라엘은 그의 대적들에게 꼼짝없이 패배하였다(15절; 레 26:17; 신 28:25, 48). 시편 106편 34~42절은 사사기 2장 11~15절과 부합하는 구절이다. 이스라엘은 전쟁에 패배해서 근심에 빠졌다.

c. 사사들이 구원함(2:16~19)

사사 시대의 이스라엘 모습을 요약한 이 도입 부분은 3장 9, 15절, 4장 3절, 6장 6~7절, 10장 10절에서도 되풀이되어 나타난다. 2장 18절에서 "압박과 괴롭게 함을 받아 슬피 부르짖는" 탄원이 그것이다.

2:16 하나님이 이스라엘을 노략자의 손에서 구원하신 것은 여호와께서 세우신 사사들에 의한 것이다.

2:17 우상 숭배가 사사가 죽은 후에 행해졌는지 아니면 사사 시대 전체에 걸쳐 이루어졌는지는 분명치 않다. 어떤 경우든 이스라엘이 범죄한 것은 분명하다. 그들은 다른 신들을 따라가 음행하며 … 여호와의 명령을 순종하던 길에서 속히 치우쳐 떠났다. 가나안의 풍요의 신들에 절하는 것은 매춘을 포함하므로 '음행'이라는 표현은 비유적일 뿐 아니라 문자적인 의미도 갖는다.

2:18~19 하나님이 사사를 한번 세우시면 사사가 있을 동안은 적으로부터 구원을 받았다. 그러나 사사가 죽은 후에 이스라엘은 전보다 더욱 타락하여 더욱 악해졌다(17절의 '조상들'은 여호수아 시대에 순종하던 세대를 가리키나 19절의 '조상들'은 바로 앞 세대를 의미하는 것 같다).

3. 언약을 깨뜨린 결과들(2:20~23)

2:20~23 가나안 땅에 대적들을 남겨 두었다는 3장 1~6절 본문과 연

결되는 이 구절은 사사 시대에 대한 신학적인 분석이다. 2장 20절~3장 6 절은 이스라엘이 믿고 순종하지 않아서 가나안 사람들을 쫓아내지 못했음을 지적한다.

여호와 하나님은 네 가지 이유에서 가나안 사람들이 머물도록 두셨다. (1) 이스라엘이 우상 숭배의 배도를 행할 때 처벌하시기 위해서이다(2:2, 20~21. 참조, 수 23:1~13). 이스라엘 백성이 가나안 사람들과 결혼을 통해 하나가 되고 결과적으로 우상 숭배에 빠지면서 여호와 하나님이 그들의 조상들에게 준 언약을(참조, 수 23:16) 깨셨다. 그리하여 하나님이 말씀하신 대로(수 23:4, 13) 여호수아가 죽을 때에 남겨 둔 이방 민족들을 다시는 더 이상 쫓아낼 수 없었다. (2) 이스라엘의 믿음을 시험하기 위해 그 땅에 가나안 족속들을 남겨 두셨다(삿 2:22; 3:4). 이것은 각 세대들에게 여호와의 도를 지켜 행하든지 그들 조상들의 반역을 계속하든지 하는 기회를 제공한다. (3) 이스라엘이 전쟁을 경험하도록 가나안 사람들을 남겨 놓으셨다(3장 2절의 주해를 보라). (4) 다른 이유가 신명기 7장 20~24절에 나오는데, 그것은 이스라엘의 인구가 가나안 전체를 차지할 만큼 충분히 증가하기 전까지 가나안 땅이 황폐되는 것을 막기 위함이다.

4. 주위 민족과의 혼합(3:1~6)

3:1~2 남아 있는 민족들의 목록이 여호와께서 그들을 남겨 두신 두 가지 이유와 함께 나온다. 그 이유는 이스라엘을 시험하고 전쟁을 경험하지 못한 이스라엘의 후손들에게 전쟁을 가르치기 위해서였다. 즉 여호수아가 가나안을 정복할 때 있었던 '거룩한 전쟁'을 경험하지 못한 이들에게 '어떻게 싸우느냐' 뿐만 아니라 여호와께서 전쟁에서 승리하게 하신다는

사실에 의지하여 "어떻게 성공적으로 싸우느냐"를 가르치기 위해서였다.

3:3 이 목록은 가나안 족속과 히위 족속에 관해 언급한다. 가나안 족속은 1장 27~33절에 언급된 민족이다. 히위 족속은 메소포타미아의 미탄니 왕국과 관련된 호리 족속으로 생각된다. 호리 족속이 여호수아 시대에는 기브온 족속으로 잘 알려져 있었는데, 기브온을 포함한 도시 국가들은 동맹을 맺고 있었다(수 9:7, 17). 여기에 나온 히위 사람은 바알 헤르몬 산에서부터 하맛 입구까지 레바논 산지에 살았다. 다섯 성읍이 동맹을 맺은 블레셋 족속은 남쪽 해안의 아스돗, 아스글론, 에글론, 갓, 가사의 다섯 성읍에 살았다. 이때에 시돈이 가장 유명했던 까닭에, 페니키아인들로 알려진 가나안 족속은 **시돈 족속**으로 불렸다.

3:4 이것으로 이스라엘을 시험하려 하신다는 여호와의 목적이 세 번째로 언급된다(참조, 2:22; 3:1).

3:5~6 이스라엘 백성은 세 단계로 이방 종교와 문화적으로 동화되었다. (1) 그들은 가나안 족속들 가운데에 거주했다. (2) 그들은 가나안 족속과 결혼했다. (3) 그들은 가나안 신들을 섬겼다. 각 단계는 자연스럽게 다음 단계로 이어진다. 여호와에게서 떠난 결과 이방 노략꾼들의 압박을 받게 되었다(참조, 가나안과 히위 족속에 대해서는 3:3; 헷 족속은 1:26; 아모리 족속은 1:3; 브리스 족속은 1:4; 여부스는 1:21의 주해).

B. 억압과 구원(3:7~16:31)

1. 옷니엘에 의한 구원(3:7~11)

옷니엘에 의한 구원 역사는 짧게 취급되어 있다.

a. 이스라엘의 죄(3:7)

3:7 이야기는 이스라엘의 우상 숭배로 시작한다. 여호와 하나님을 버리고 바알(참조, 2:11)과 아세라를 섬기기로 선택한 것이다(나무 기둥이나 우상 숭배의 대상으로 사용한 형상들. 참조, 출 34:13; 신 16:21; 삿 6:25). 아세라는 시리아의 우가릿 문서에 나오는 바다의 여신이다. 아세라는 엘(El) 신의 배우자다. 바알의 배우자인 아스다롯과 혼동해서는 안 된다.

b. 아람 사람의 지배(3:8)

3:8 구산 리사다임이란 이름의 뜻은 '구산의 두 악한'이다. 메소포타미아는 이스라엘을 침략하기에 너무 멀다. 특히 옷니엘이 살았던 유다 지역은 더욱 그렇다. 그래서 어떤 학자들은 유다의 남쪽에 근접한 '에돔'이 아닌가 생각한다. 메소포타미아 왕이 가나안을 침입하는 것이 이상한 것은 아니다. 특별히 애굽이 약화되어 있을 때(애굽이 형식적으로 가나안을

지배할 때) 이스라엘은 구산을 8년 동안 섬겼다.

c. 옷니엘의 구원(3:9~10)

3:9~10 이스라엘 탄원(여호와께 부르짖음)에 응답하여 여호와의 영이 옷니엘에게 임하여 구원자로 세우셨다(참조, 6:34; 11:29; 13:25; 14:6, 19; 15:14). 그래서 그는 사사가 되어 전쟁에 나갔다. 옷니엘은 갈렙의 동생으로(참조, 수 15:13~19) 이미 소개되었다(1:11~15). 여호와께서 이스라엘 백성을 아람 사람의 '손에' 파셨듯이(3:8) 옷니엘의 손에 적군 왕을 넘기셨다.

d. 평화의 기간(3:11)
3:11 평화는 옷니엘의 여생인 40년간 지켜졌다.

2. 에글론의 침략에서 구원한 에훗(3:12~30)

a. 이스라엘의 죄(3:12상)

3:12상 이스라엘은 여호와의 눈앞에서 또다시 악을 범했다. 이 죄악은 분명히 모세의 법을 어기고 여호와 하나님을 떠나 다른 신들에게 예배한 것이다(참조, 2:17, 19).

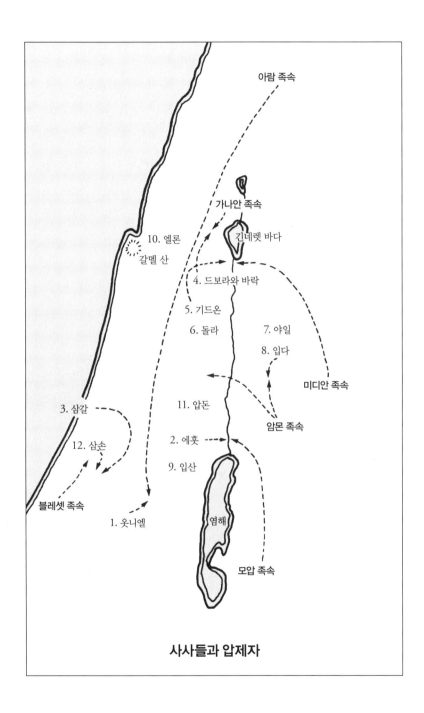

아람 족속

가나안 족속

10. 엘론
갈멜 산

긴네렛 바다

4. 드보라와 바락

5. 기드온

6. 돌라   7. 야일

8. 입다

미디안 족속

3. 삼갈

11. 압돈   암몬 족속

2. 에훗

12. 삼손   9. 입산

블레셋 족속   염해

1. 옷니엘

모압 족속

사사들과 압제자

b. 모압의 지배(3:12하~14)

3:12하~14 인간사에 대한 하나님의 주권적인 통치는 이스라엘을 지배하도록 모압 왕 에글론에게 권력을 주었다는 점에서 다시 나타난다. 모압 족속은 롯이 큰딸과 근친상간하여 생긴 족속이다(창 19:30~38). 그들은 사해 동편 아르논 강과 세렛 강 사이에 있는 땅에서 살았다. 그들은 아르논 강 북쪽 40킬로미터의 르우벤의 영토를 점령하고 여호수아의 정복 길을 따라 여리고 오아시스(종려나무 성읍)를 빼앗았다. 이스라엘은 전에 여리고를 점령했으나 저주를 받는다는 이유로 성벽을 다시 쌓지 않았던 것이다(참조, 수 6:26).

모압 족속은 이 싸움에서 암몬과 아말렉 자손들의 도움을 받았다. 암몬은 모압의 북동쪽에 이웃한 족속으로, 롯이 작은 딸과의 사이에서 난 족속이다(창 19:38). 아말렉은 브엘세바 남쪽에서 유목 생활을 하며 살던 이스라엘의 원수이다(참조, 출 17:8~13; 신 25:17~19). 이스라엘 자손(베냐민과 약간의 에브라임 지파)은 에글론을 18년간 섬겼다.

c. 에훗에 의한 구원(3:15~29)

3:15상 이스라엘의 탄원에 따라 여호와께서는 왼손잡이 에훗을 구원자로 그들에게 주셨다. '왼손잡이'란 문자적으로 '오른 손이 제한된 사람'을 뜻한다. 왼손잡이는 베냐민 지파에서는 아무런 문제가 될 것이 없었다. 사실상 물맷돌을 잘 던지는 700명의 왼손잡이가 있었다(참조, 삿 20:16). 에훗의 경우, 그가 왼손잡이라는 사실이 대담한 행위를 할 수 있는 기회를 제공해 주었다.

3:15하~19상 이스라엘 백성이 에훗에게 공물을(아마 가축과 금은, 값비싼 일상 용품들) 가지고 가게 한 것으로 보아 그는 베냐민에서 뚜렷한 지도자였을 것이다. 그는 개인적으로 날이 양편으로 선 짧은 단검(아마도 손잡이가 없는 것으로 18인치 정도의 길이였을 것이다)을 긴 겉옷의 안쪽, 오른쪽 넓적다리에 찼다. 에훗은 매우 뚱뚱한 에글론에게 공물을 바치고 무거운 공물을 지고 온 수행원들을 보낸 후 길갈에서 돌아와 왕 에글론에게 여쭐 것이 있다고 하였다.

3:19하~22 에훗은 왕에게 은밀한 일을 말하겠다고 하여 에글론의 여름 궁전 다락방에서 그에게 접근할 기회를 얻었다. "하나님의 명령을 받들어 왕에게 아뢸 일이 있나이다" 하고는 숨겨 온 단검으로 왕의 복부를 찔렀다. 얼마나 깊이 찔렀는지 기름이 칼날에 엉겨 붙었다. 단검을 감출 수 있었던 것은 에훗의 오른쪽 넓적다리는 무엇을 감출 수 있을 것이라고 아무도 예상치 못한 장소였기 때문인데, 그는 거기서 왼손으로 재빨리 칼을 뽑아냈다.

3:23~26 에훗의 도망은 잘 계획되었다. 시간을 벌기 위해 왕의 다락방의 문을 닫아 잠그고 발각되거나 방해받지 않고 도망쳤다. 그는 왕의 신하들이 왕이 잠든 줄 알고 문밖에서 지체했기 때문에 도망가는 데 필요한 시간을 얻게 되었다. 그들이 잘못을 깨달았을 때 그들의 왕은 죽어 있었다. 에훗은 그동안 길갈의 국경선을 넘어 스이라로 도망을 갔다.

3:27~29 에훗은 혼란에 빠진 모압 사람들을 치기 위해 나팔을 불어 이스라엘 사람들을 호출했다. 그는 자신의 주장을 말하기보다 "여호와께서

너희의 원수들인 모압을 너희의 손에 넘겨주셨느니라" 하면서 이스라엘 백성에게 확신을 주었다. 그의 전략은 도망치는 모압 사람들이 자기 나라로 돌아가기 위해 건너야 하는 요단 강 나루를 장악하는 것이었다. 이스라엘 백성은 천 명의 모압 사람을 쳐 죽여 한 사람도 요단 강을 건너가지 못하게 했다.

d. 화평의 기간(3:30)

3:30 모압의 패배는 결정적이어서 그들은 이스라엘에 굴복하게 되었다. 에훗의 구원으로 말미암아 **땅의 평화**는 전례 없이 80년간이나 지속되었고, 이는 사사 시대에서 가장 오랜 평화 시기였다.

3. 블레셋의 침략에서 구원한 삼갈(3:31)

3:31 삼갈의 사사 직분은 에훗이 나라를 구한 다음에, 그러나 그의 죽음 이전에 수행되었던 것 같다(4장 1절은 삼갈의 죽음이 아니라 에훗의 죽음에서 이어진다). 삼갈이 소 모는 막대기로 블레셋 사람 600명을 죽였다는 기록으로는 그것이 그가 일생에 걸쳐 죽인 숫자인지 한 번에 죽었다는 것인지 알 수 없다.

4. 가나안 족속의 침략에서 구원한 드보라와 바락(4~5장)

관심의 초점이 하솔 왕 야빈(4:2)의 압제를 받던 북쪽 지파들(참조, 4:6; 5:14~15, 18)에게로 넘어간다. 야빈은 분명히 여호수아에 의해 정복

당했던 하솔 왕의 후예일 것이다(수 11:1~13). 이전의 외국 침략자들에 의한 압제들과는 달리 이번 압제는 가나안 족속들, 몇몇은 이스라엘 백성이 쫓아내는 데 실패했던 가나안 족속들에 의해 이루어졌다.

a. 이스라엘의 패배(4:1)

4:1 이스라엘 자손이 또다시 악을 행했다는 것은 그들이 가나안의 우상 숭배에 빠졌음을 말한다(참조, 2:19; 3:7, 12). 이 죄악은 **에훗이 죽은 후**에 나타난 것으로 보이며, 이는 그가 사사로서 백성을 인도하는 데 적극적인 영향력을 행사했음을 가리킨다. 에훗의 사사 직분과 관련하여 4장의 연대 계산은 삼갈의 이스라엘 구출(3:31)이 에훗 통치 이전에 있었음을 추측게 한다.

b. 가나안의 통치 아래서의 고통(4:2~3)

4:2~3 약 200년 전 **여호와께서**는 이스라엘을 애굽의 노예 생활로부터 해방시키셨다. 그러나 이제는 반대로 그들의 죄악에 대한 처벌로 그들을 가나안 사람들의 손에 팔아넘기셨다(참조, 2:14; 3:8; 삼상 12:9). 야빈은 아마 세습적인 이름인 것 같다(참조, 수 11:1~13에 나오는 다른 야빈). **하솔**은 긴네롯 바다(갈릴리) 북쪽 14킬로미터 떨어진, 북부 가나안에 있는 가장 주요한 본거지이다. 하솔 왕 야빈은 사사기 4~5장의 이야기에서 아무런 주역을 감당하지 못하고, **하로셋** 출신의 가나안 군대 장관인 시스라에게 관심이 집중된다.

가나안의 압제는 참혹했다. 그들은 **900대의 철 병거**를 앞세운 우수한 군사력을 가졌다(13절). 압제는 20년 동안 계속되었고 이스라엘 자손은 또다시 여호와께 도움을 부르짖었다.

c. 드보라와 바락이 구원함(4:4~5:31상)

(1) 드보라의 지도력
4:4~5 드보라('꿀벌'이라는 의미)는 여선지자이며 사사였다(그녀는 이스라엘을 지도했다). 그녀가 행하는 첫 번째 일은 재판장에서 논쟁을 해결하는 재판관으로서의 임무이다. 재판장은 에브라임 산지 라마와 벧엘 사이, 예루살렘 북쪽으로 몇 킬로미터 떨어진 곳에 있었다. 그녀는 잇사갈 지파와 관련이 있는 것처럼 보이지만(참조, 5:15), 분명히 에브라임 지파의 한 사람이다. 그의 남편 랍비돗에 관해서는 알려진 바가 없다.

(2) 바락에게 명을 내림
4:6~7 드보라는 납달리 게데스 출신의 바락을 호출했다. 게데스는 도피성으로(수 20:7) 보통 텔 퀘데스(Tel Qedesh)로 확인되고 있는데 휴레(Huleh) 호수 북서쪽 8킬로미터 지점이다. 드보라는 여호와의 여선지자로서 바락에게 납달리와 스불론 자손 만 명을 소집하여 다볼 산으로 데리고 가라고 명령했다. 다볼 산은 이스르엘 골짜기 북동쪽에 있는 납달리, 스불론, 잇사갈 지파를 연결하는 전략적으로 중요한 400미터의 산이다(잇사갈은 이 장에서는 안 나오고 5장 15절에 나온다). 다볼 산은 가나안의 철 병거로부터 비교적 안전할 수 있는 장소였고, 밑에 있는 적을 무찌르기에 좋은 장소였다. 하나님이 바락에게 준 메시지는 전쟁이 하나님의 주권적인 통치 아래 있다는 것이다(내가 시스라를 이끌어 네 손에 넘겨주리라).

4:8~9 동기야 어쨌든 바락이 드보라에게 말한 조건적인 답변(만일 당신이 나와 함께 가지 아니하면 나도 가지 아니하겠노라)은 하나님의 명령에 대해 적절한 대답이 아니었다. 어쩌면 바락은 단순히 하나님의 여선지자요 사사인 드보라가 자기와 함께 있다는 것으로, 하나님이 그 전쟁에서 함께 하신다는 것을 믿고 싶었는지 모른다. 바락이 믿음의 영웅들의 목록에 있는 것은(11:32) 주목할 만하다. 드보라는 그와 함께 가는 것에 동의하면서 하나님의 명령에 조건을 붙인 바락의 대답이 시스라에 대한 승리의 영예를 빼앗아 가게 했다고 말했다(여호와께서 시스라를 여인의 손에 파실 것임이니라). 바락은 의심 없이 그 여인이 드보라일 것이라고 생각했지만, 그 말은 야엘의 역할을 기대하고 말한 예언이었다(삿 4:21).

(3) 군대를 모음

4:10~13 드보라를 동반한 바락은 스불론과 납달리 지파 출신 만 명을 이끌고 다볼 산으로 갔다. 삽입적인 설명으로(17~22절을 예상하여) 유목민인 겐 사람 헤벨이 남쪽 유다의 자기 족속을 떠나 게데스 근처 자기 장막을 쳤다는 내용이 나온다. 모세의 장인 호밥에 대해서는 민수기 10장 29절의 주해를 보라. 시스라는 바락의 움직임에 대해 듣자 기손 강 근처에 900대의 철 병거들(참조, 삿 4:3)과 함께 그의 군대를 포진시켰다. 이곳은 아마도 이스르엘 골짜기 다아낙(참조, 5:19)이나 므깃도 근처일 것이다.

(4) 가나안 사람들의 패배

4:14~16 드보라의 명령(일어나라!)과 격려(여호와께서 시스라를 네 손에 넘기시리라)에 따라 바락은 시스라의 막강한 군대에 맞서 그의 사람들을 이끌고 다볼 산 밑으로 내려갔다. 드보라가 약속한 대로 여호와께서 시

스라와 그의 모든 철 병거와 온 군대를 패주시키셨다. 하나님이 사용한 방법은 인간적인 것(칼날)과 신적인 것(기손 강에 철 병거를 표류하게 만든 때아닌 강풍. 참조, 5:20~22)이었다. 시스라는 그의 병거를 버리고 걸어서 도망쳤고 바락의 군대는 한 사람도 남지 않을 때까지 가나안 사람들을 추격했다.

(5) 시스라의 도망과 죽음

4:17~22 시스라는 게데스(도피성), 또는 하솔 방향으로 걸어서 도망쳤다. 그는 하솔 왕 야빈과 친분 관계에 있는 겐 사람 헤벨의 장막으로 달려갔다. 헤벨의 아내 야엘은 시스라에게 근동 지방의 온갖 친절을 다 베풀었다. 그가 숨을 수 있도록 이불로 덮어 주고 우유(아마 요구르트)를 주었다(참조, 5:25). 그리고 추격자를 따돌리기 위해 장막 문 곁에 서 있었다. 그러나 야엘은 야빈 왕에 대한 그녀 남편의 충성과는 반대로, 시스라가 깊이 잠들자 장막 말뚝을 가져와 그의 관자놀이에 대고 망치로 박았다. 망치는 그를 꿰뚫고 땅에 박혔다(참조, 5:26). 이 얼마나 근동 지방의 예절을 어긴 것인가! 베두인 여자들은 장막을 치는 일을 했기에 그녀는 도구를 잘 다루는 숙련가였다. 그 후 야엘은 시스라를 쫓아온 바락에게 그 시체를 보여 주었다. 그리하여 드보라의 예언(참조, 4:9)은 성취되었다. 시스라의 패배로 두 여인이 영광을 얻었다. 드보라는 시작했고 야엘은 끝마쳤다.

(6) 야빈의 붕괴

4:23~24 야빈의 군대의 패배는 갈릴리에서 가나안 군대가 이스라엘을 더 이상 침략하지 못하는 계기가 되었다.

(7) 승리의 노래

5:1 이 고대의 시는 처음에는 "여호와의 전쟁기"(민 21:14)나 "야살의 책" (수 10:13)과 같은 책에 수집되어 보존되었을 터인데, 문자적으로는 승전가다(BC 15세기부터 12세기의 애굽과 앗수르의 승전가는 유명하다). 이 노래는 두말할 것도 없이 드보라 자신에 의해 쓰였다(참조, 삿 5:7~9). 물론 바락도 참여했다(1절). 이 찬양 시는 아주 단순하게 야웨, 시스라와 가나안 족속에 대한 이스라엘 언약의 하나님의 승리를 노래한다. 이 승전가는 다섯 부분으로 되어 있다. (1) 서두(5:1), (2) 드보라에 의한 찬양 (2~11절), (3) 지파들의 소집(12~18절), (4) 가나안 사람들의 패배(19~30절), (5) 저주와 복에 대한 결론적인 기원(31절 상).

5:2~5 여호와를 찬송하라는 서문은 영솔자들과 백성 사이에 작용하는 자발적인 분위기의 발흥과 관련된다(2절). 전형적인 찬양의 선포(3절)가 나온 뒤 여호와께서 이전에 보이신 구원 행동들에 대한 역사적 회상이 뒤따른다(4~5절). 여호와께서는 시내 산의 그분(참조, 시 68:8)과 동일시되고, 여호수아의 인도 아래 요단을 건너기 전에 있었던 사건들과 연관된다. 세일(참조, 신 33:2)과 에돔(합 3:3에 나오는 데만은 에돔의 성읍)에 대한 언급은 시내 산의 위치를 아라바 골짜기(사해 남쪽) 바로 동쪽으로 생각하게 하나 그런 것 같지는 않다.

5:6~8 드보라는 다음으로 그녀가 이스라엘의 어머니로 일어서기 전까지 이스라엘의 북쪽 지파들이 당했던 고통을 기술한다. 가나안 사람의 압제로 인해 마을과 길에서의 이스라엘 백성들의 생활은 그쳤고, 그들의 압제는 성문까지 미쳤다. 이 고난은 우상 숭배에 기인한다. 이스라엘은 새

신들을 선택했다.

5:9~11 드보라는 위기의 순간에 응답하는 충실한 지도자들과 백성 중의 자원자들로 인해 하나님께 찬양을 돌렸다. 그녀는 부자(흰 나귀를 탄자)와 가난한 자(길에 행하는 자)들 모두를 부르면서 똑같이 승리의 노래를 들으라고 했다. 여호와의 공의로우신 일이 그의 백성에게 구원과 승리를 주기 위해 행해졌다.

5:12~18 승리의 노래 자체는 드보라와 바락에게 행동을 시작하라는 외침으로 출발한다. 축복이 전쟁에 호출하는 명령에 응답한 지파들(에브라임, 베냐민, 마길[므낫세 지파의 일부분. 참조, 민 26:29; 27:1], 스불론, 잇사갈[삿 5:14~15])에게 선포된다. 에브라임의 뿌리에 대한 설명은 에브라임 지파가 전에 아말렉 족속들이 살던 중앙 산지에 살았음을 말해 준다. 저주를 포함한 조롱이 르우벤, 길르앗(갓과 므낫세 일부), 단, 아셀 지파에게 주어졌다. 그러나 스불론과 납달리는 전쟁에 참여했기에 찬양을 받는다(참조, 18절; 4:6, 10절).

5:19~22 가나안 왕들은 시스라를 군대 장관으로 한 하솔의 야빈의 통치 아래 있던 가나안 도시국가의 동맹 출신이었다. 전선은 (므깃도에서 남동쪽으로 8킬로미터에 위치한) 다아낙까지 포함한다. 별들이 하늘에서부터 시스라와 싸웠다는 매우 시적인 언어는 별들이 비를 내렸다는 신앙을 의미하는 것이 아니라, 다만 전쟁에서 하나님이 개입하셨음을 보여 주는 것이다. 21절이 암시하는 바와 같이 하나님의 개입은 때아닌 폭우의 형태를 취했다(가나안 사람들은 절대 우기에 습지 같은 곳에서 병거를

몰려고 하지는 않았을 것이다). 결국 기손의 메마른 강이 거센 격류로 바뀌었다(참조, 왕상 18:40).

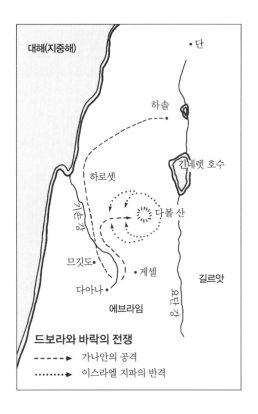

드보라와 바락의 전쟁
- - - - - ▶ 가나안의 공격
.... ▶ 이스라엘 지파의 반격

5:23~27 (아마도 시스라의 도주로에 위치한) 메로스에게 저주가 선언되었다. 전쟁을 돕지 않았기 때문이다. 그러나 시스라를 살육한(참조, 4:21~22) 야엘에게는 축복이 선언되었다. 시스라의 죽음에 대한 생생한 묘사(5:26~27)는 신체적인 행동 과정을 서술하기보다 은유적으로 그의 쓰러짐을 기술한 것이다.

5:28~30 쓰러진 장군의 슬픔은 돌아오지 못할 아들이 전쟁에서 돌아오기를 기다리는 시스라의 어머니를 통해 더 설명되었다. "그의 병거가 어찌하여 더디 오는가?"라는 그녀의 근심과 그녀의 시녀 중 한 사람의 기대 섞인 대답은 실제 상황과 명백하게 대조적이다.

5:31상 우상 숭배를 하는 적들에 대한 여호와의 승리를 기술하는 찬양이 악한 원수들을 저주하고, 여호와에게 충성된 자를 축복하는 것으로 끝맺는 것은 적절하다. "해가 힘 있게 돋음 같게"라는 표현은 충만한 복을 누리는 생활을 의미한다.

d. 평화의 기간(5:31하)

5:31하 사사 드보라의 인도 아래 가나안 군대로부터 이스라엘을 구출한 것은 땅에 40년간의 평화를 가져다주었다.

5. 미디안 족속의 침략에서 구원한 기드온(6:1~8:32)

a. 이스라엘의 범죄(6:1상)

6:1상 배도(背道)의 하락 곡선과(이스라엘 자손이 또 여호와의 목전에 악을 행하였다. 참조, 3:7, 12; 4:1) 구원은 사사기에서 가장 많은 분량을 차지하는 기드온의 이야기에서도 계속된다. 기드온 이야기는 3장에 100절로 기록되어서 4장에 96절로 기록된 삼손의 이야기와 비교할 만하다.

b. 미디안의 지배 아래 받은 고통(6:1하~6)

6:1하~6 미디안 사람의 손 아래서 받은 7년간의 압제는 이스라엘의 우상 숭배와 죄악에 대한 하나님의 징벌이었다. 비교적 짧은 이 압제의 기간은 두 번에 걸친 40년간의 평화 기간 사이에 끼어 있다(5:31; 8:28). 미디안 사람들은 아브라함과 그두라 사이에서 난 후손으로(창 25:1~2) 광야 방랑 시 이스라엘에게 패배했다(민 22:4; 25:16~18). 그들은 아카바 만 근처 출신의 유목민으로 아라바와 요단 동편에 걸쳐 살았다. 이 시기에 그들은 요단을 건너 가나안으로 침입하는 과정에서 에돔, 모압, 암몬 족속들을 정복하면서 북쪽으로는 이스르엘 골짜기(삿 6:33), 남쪽으로는 가사(4절)에까지 그 힘을 미친 것이 분명하다. 그들은 아마 서쪽으로는 이스르엘 골짜기를 넘어 남쪽으로는 해안 평야를 따라갔을 것이다.

미디안의 압제는 이스라엘 사람들로 하여금 그들 자신과 그들의 소산을 산속 굴이나 산성에 숨기도록 만들었다. 그러나 이것은 (앞서 가나안 사람의 압제와 같이) 지속적인 점령이 아니고 추수기에 침략하거나 이스라엘 백성이 작물을 심을 때마다 시도하는 계절에 따른 침략이었다. 미디안의 주요 목적은 그들과 그들의 가축을 위한 곡식의 탈취였다. 그러나 이러한 이스라엘의 농업과 식량에 대한 침략이 누적되어 이스라엘은 황폐해졌다.

미디안의 동맹 세력은 아말렉 족속(유다의 남쪽 출신. 참조, 3:13)과 시리아 사막의 유목민에 대한 일반적인 호칭인 동방 사람들을 포함했는데, 거기에는 아마도 약간의 암몬 족속과 에돔 사람도 포함되어 있었을 것이다. 약탈자들은 매년 침략 때마다 유목민의 전형적인 방식대로 땅에 장막을 치는데 그 숫자가 메뚜기 떼와 같았다(참조, 7:12). 미디안과 그들의 동맹군은 무수한 낙타를 이용하여 장거리 침략을 가했다. 이 것은 낙타를 이용한 조직적인 침략에 관한 첫 번째 언급이다(참조, 창 24:10~11).

이스라엘에 닥친 재난은 여호와께 도와달라고 울부짖게 만들었다. 이 울부짖음은 죄에 대한 회개가 아니었던 것 같다. 그들은 여호와께서 선 지자를 보내어 지적하시기 전까지 외적의 압제 배후에 있는 도덕적인 원 인을 깨닫지 못하고 있었기 때문이다.

c. 기드온에 의한 구원(6:7~8:27)

(1) 선지자에 의한 이스라엘의 책망

6:7~10 여호와께서는 이스라엘에게 아모리 사람의 땅의 신들을 두려워 하지 말라는 명령과, 그들을 애굽에서 구원하신(참조, 출 34:10~16; 신 7 장; 삿 3:5~6) 여호와와의 언약을 상기시키기 위해 무명의 선지자를 보 내셨다(사사기에서 선지자는 여선지자 드보라를 제외하고 단 한 번 나온 다). 선지자는 그들이 계속해서 순종하지 않은 것을 비난했다(너희가 내 목소리를 듣지 아니하였느니라). 이 메시지는 보김에서 여호와의 사자가 한 말과 흡사하다(참조, 2:1~3).

(2) 여호와의 사자에 의한 기드온의 부르심

6:11~12상 기드온의 이야기는 "하나님이 기드온이라는 구원자를 세우 셨다"로 시작하지 않고, 하나님이 어떻게 그를 세우셨는지에 관한 이야기 로 시작한다. 기드온의 소명은 여호와의 사자를 만나는 데서 시작한다. 여호와의 사자는 나그네로 나타나 오브라의 상수리나무 아래에 앉아 있었

다. 기드온의 아버지 요아스는 아비에셀(므낫세 지파 중 하나. 수 17:2) 출신이기에 오브라는 베냐민 지역에 위치하지 않고 이스르엘 골짜기의 므낫세의 경계선 근처인 북쪽 지점에 있었을 것이다.

기드온이 **포도주 틀**에서 밀을 타작한 것은 **미디안** 사람들에게 들킬 것에 대한 두려움과 함께 그의 소출이 형편없었음을 나타낸다. 보통 밀은 타작마당과 같이 넓은 공간에서 타작하기 때문이다(참조, 대상 21:20~23).

6:12하~13 사자의 첫인사에는 여호와께서 기드온과 함께하신다는 것을 덧붙이고(여기서 '너'는 단수임), 기드온을 **큰 용사**로 묘사한다(깁보르 하일[גִּבּוֹר הֶחָיִל]이라는 표현은 입다[11:1]와 보아스[룻 2:1]에게도 사용되었다). 비록 이러한 표현은 비꼬는 말로 들렸을지 모르나(기드온은 큰 용사가 아니었다는 점에서), 기드온의 가능성을 의미하거나 그의 사회적 신분이 높다는 것을 나타낼지도 모른다.

기드온의 첫 번째 대답은 "여호와께서 우리와 함께 계시면"이라는 표현을 통해 단수대명사 '너'를 무시하는 것이었다. 기드온은 자기 백성의 현재 상황에 비추어 하나님의 약속을 의심했다. 어쨌든 그는 **여호와께서 그들을 미디안의 손에 넘겨주셨다**고 정확하게 결론지었다.

6:14 '여호와의 사자'는 이제 **여호와**로서, 기드온에게 "가서 이 너의 힘으로 이스라엘을 미디안의 손에서 **구원하라**"고 명령하셨다. 이 너의 힘이란 말은 이미 언급한(12절) 하나님이 함께하심을 뜻하는 것 같다.

6:15 그러나 기드온은 "나의 집은 극히 약하고 나는 가장 작은 자니이다"라

며 거절했다. 이러한 반대 의사는 전형적인 근동의 겸손에 근거하나 진실을 반영하기도 한다.

6:16 하나님은 재차 기드온과 함께하겠다고 확인해 주시면서(내가 반드시 너와 함께하리라) 그가 **미디안 사람**을 쉽게 이기리라고 하셨다.

6:17~21 기드온은 하나님의 약속을 확신할 수 있도록 **표징**을 요구했고 그것은 받아들여졌다(참조, 21절). 그러는 동안 기드온은 초자연적 방문자의 정확한 신분을 알지 못하므로 근동의 전형적인 대접을 하게 되었다. 예물이란 이스라엘 제사 제도에서 자발적인 제물을 뜻하지만 그것은 또한 왕에게 선물하는 공물을 뜻하기도 한다(참조, 3:15). 기드온에 의해 준비된 풍성한 음식은 빈궁한 시절, 그의 재산보다 과도한 전형적인 근동의 대접 모두를 반영한다. 그는 먹고 남은 나머지를 그의 가족을 위해 집으로 가져가려 했을 것이다. 그러나 **여호와의 사자**가 음식에 **지팡이 끝**을 대자 그것들은 불에 타 버렸고 이로써 기드온이 요구한 표징이 주어졌다(6:17. 참조, 레 9:24; 왕상 18:38). 그 후 **여호와의 사자**는 **사라졌다.**

6:22~24 기드온은 소스라쳐 놀랐고, 아마도 하나님의 임재를 보았기 때문에 곧 죽게 될 것을 두려워했던 것 같다(참조, 출 33:20). 여호와께서 기드온에게 죽지 않을 것이라고 안심시키자 기드온은 제단을 쌓고 그곳을 **여호와 살롬**이라고 이름을 지었다.

(3) 기드온에 의한 바알 제단의 파괴
6:25~26 여호와께서는 기드온이 순종하는지를 시험하셨다. 만일 기드

온이 미디안 사람들로부터 이스라엘을 구원하고자 한다면, 그는 적들에 대해 군사적인 승리를 성취시켜야 할 뿐 아니라, 여호와께서 그의 백성을 미디안에게 넘겨준 원초적인 원인인 우상 숭배를 제거해야 할 것이었다 (참조, 1절). 그러므로 하나님은 기드온에게 그의 아버지에게 있는 바알의 제단과 함께 아세라 상을 파괴시키라고 명령하셨다. 그 후에 기드온은 여호와를 위하여 규례대로 제단을 쌓고 아세라 상의 나무에 불을 붙여 그의 아버지의 수소 중 한 마리(원래는 바알에게 바쳐질)를 여호와께 번제로 드렸다.

6:27 하나님의 명령에 대한 기드온의 순종은 그가 종 10명을 사용했다거나(가나안 제단을 철거하는 일은 쉬운 일이 아니다) 또는 그것을 **밤에** 행했다(만일 낮에 했다면 바알 숭배자들이 방해했을 것이다)고 해서 낮게 평가되어서는 안 된다.

6:28~32 기드온에 대한 사람들의 적대 행동은 그의 아버지의 슬기로운 충고로 진정되었다. 밤새 파괴된 곳을 조사한 그들은 즉시 기드온이 그렇게 한 것을 알고 처형을 요구했다. 그러나 요아스는 아들의 놀라운 행동에 감화를 받고 회개를 했는지 "바알이 과연 신일진대 … 그가 자신을 위해 다툴 것이니라"고 현명하게 선언했다. 아마 이말은 사람들로 하여금 바알이 자기를 방어할 수 있는 권리가 있다는 것을 인정하게 했을 것이다 (참조, 엘리야의 바알에 대한 풍자. 왕상 18:27). 이 현명한 충고는 사람들이 기드온을 바알로 쟁론하게 하라는 뜻의 **여룹바알**이라는 이름으로 부르도록 했다. 비록 그들은 그 이름을 명예훼손적인 의미로 불렀지만, 훗날 이것은 바알이 자신을 방어할 수 없음을 증명한 명예로운 의미로 여

겨졌다(참조, 삿 7:1; 8:29; 9:1의 여룹바알의 주해).

(4) 전쟁을 위한 기드온의 준비

6:33~35 여호와께서 기드온에게 사명을 주신 것은 미디안 사람들과 그의 동맹 세력이 다음번 (그리고 마지막) 정기적인 침략이 있기 전으로 보인다. 그들은 긴네롯 호수 남쪽으로 그리 멀지 않은 요단 강을 건너와서 이스르엘 골짜기의 비옥한 농경시에 전형적인 베두인족 모습으로 진을 쳤다. 여호와의 영이 기드온에게 임함으로 여호와의 기드온을 통한 그의 백성에 대한 구원이 시작되었다(참조, 3:10; 11:29; 13:25; 14:6, 19; 15:14). 성령의 인격적인 임재를 통한 신적인 능력이 주어진 것이다. 기드온은 즉시 나팔을 불어 그의 아비에셀 족속을 모으고, 사자를 보내어 나머지 므낫세 지파와 아셀, 스불론, 납달리 지파를 모으기 시작했다.

(5) 기드온의 양털에 관한 표적들

6:36~40 하나님으로부터 표적을 구하는 기드온 신앙의 명백한 결핍은 (참조, 마 12:38; 고전 1:22~23) 믿음의 영웅들 중에 기록된 사람에게는 (히 11:32) 이상하게 보인다. 사실상 기드온은 사명을 받을 때 하나님으로부터 이미 표징을 받았다(삿 6:17, 21). 그렇지만 기드온이 이미 하나님이 자신에게 무엇을 원하시는지를 하나님의 계시로 알았기 때문에(14절), 하나님의 뜻을 알려고 양털을 사용한 것은 아니라는 점을 주목해야 한다. 이 표징은 눈앞에 있는 과업을 위해 과연 하나님이 함께하시고 능력을 주시는지를 확인하고 확신하려는 데 있다.

하나님은 기드온의 약한 믿음에 맞추어 자신을 낮추셔서 양털이 이슬로 흠뻑 젖게 하셨는데, 기드온이 그것을 짜니 물이 그릇에 가득할 정도였다. 아마도 기드온은 이 특별한 사건에 대해, 양털이 놓이기 이전에 주변 타작마당이 원래부터 말라 있었을지도 모른다고 생각했던 것 같다. 그래서 이번에는 "양털만 마르고 그 주변 땅에는 다 이슬이 있게 하옵소서"하고 반대 상황을 요구했다. 하나님은 인내심 있게 그대로 행하셨고 기드온은 그의 과제를 계속해 나가는 것에 확신을 가질 수 있었다.

(6) 기드온 군대의 감축

7:1~2 기드온은 하롯 샘에 진을 쳤다. 하롯 샘은 아마 길보아 산기슭에 있는 엔 하롯(En Harod), 즉 하롯 골짜기를 통해 동쪽으로 요단 강까지 가는 샘이다. 기드온은 그곳에 3만 2,000명의 사람들과 진을 쳤다(3절). 한편 미디안 13만 5,000명의 군대는(참조, 8:10) 북쪽 5~6킬로미터 떨어진 이스르엘 골짜기로 들어오는 출구에 우뚝 솟은 모레 산기슭에 진을 쳤다. 사람의 수효에 의존하지 아니하시는 하나님(참조, 시 33:16)께서 적은 사람들을 통해 미디안을 이스라엘에게 넘겨준 것은 이스라엘이 혼자 힘으로 전쟁에서 이겼다고 자만하지 않게 하려 함이다. 기드온은 백성이 너무 많다는 하나님의 말씀에 틀림없이 당황했을 것이다.

7:3~6 기드온의 군대를 축소하는 방법은 두 가지였다. (1) 2만 5,000명의 겁쟁이들은 집으로 돌려보내졌다(신 20:8에 부합하여). (2) 간단한 시험에 불합격한 조심성 없는 9,700명도 마찬가지이다.

길르앗 산을 떠나라는 허락은 길르앗이 요단 강 동쪽 건너편에 있기에 이상하게 들린다. 어떤 학자들은 기드온 군대가 있던 '길보아'를 '길르앗'으로 잘못 베낀 것이 아닌가 생각한다. 아니면 길르앗의 후손들이 요단 서편에도 살았기 때문에 또 다른 길르앗 산이 있었는지도 모른다.

9,700명에게 준 시험은 간단해 보이지만 약간 이해 안 되는 부분이 있다. 사람들이 샘에 가서 물을 마실 때 기드온은 **무릎을 꿇고 마시는 자**와 개가 핥는 것같이 혀로 물을 핥는 자들을 구분해야 했다. 그러나 어떻게 '무릎을 꿇고' 얼굴을 물에 대지 않고 '개처럼 핥을' 수 있을까? 어떤 사람은 '무릎을 꿇지 않은 자'는 한 손으로 물을 퍼서 (다른 한 손은 무기를 잡은 채) 혀로 물을 **핥았다**고 생각한다. 다른 사람은 양손을 이용하여 물을 입으로 가져가 개가 마시듯 했다고 한다. 설명이야 어쨌든 이 시험은 조심성 있는 사람을 찾아내었다. 어떤 사람은 수를 감소시키기 위한 임의적인 시험이라고 생각한다. 역사가 요세푸스조차도 시험에 통과한 300명이 덜 조심성 있는 사람이라고 믿는다. 그 결과 하나님의 능력을 보다 더 크게 깨달을 수 있었다.

7:7~8상 이제 소수의 군사와 더불어 기드온은 하나님의 약속에 의해 재차 확신하게 된다. 300명으로 너희를 구원하며 미디안을 네 손에 넘겨주겠다(참조, 6:14). 기드온의 300명은 그들의 처소로 돌아간 사람들의 양식과 나팔들을 손에 넣었다.

(7) 승리에 관한 기드온의 격려
7:8하~11상 여호와께서는 기드온에게 전에 주어진 격려와 확신에도 불구하고 그가 공격하기를 두려워하고 있음을 알았다. 그래서 두 가지로 격려하셨다. (1) 직접적인 하나님의 말씀(일어나 진영으로 내려가라. 내가 그것을 네 손에 넘겨주었느니라. 참조, 7, 14~15절), (2) 미디안 사람들이 꿈 이야기를 하는 것을 기드온이 엿듣게 하심(13~14절).
7:11하~15 기드온과 그의 부하 부라는 골짜기에 메뚜기처럼 펼쳐있는

무수한 미디안의 장막 주변으로 접근했다. 거기서 하나님의 오묘한 섭리가 나타났다.

기드온이 도착했을 때 한 사람이 친구에게 그의 꿈을 이야기하고 있었다. 한 덩어리의 보리떡이 미디안 진으로 굴러 들어와 진을 쳐서 무너뜨렸다는 것이다. 다른 미디안 사람이 대답하기를, 어쩌면 농담 중에, 그것은 하나님이 기드온의 칼로 우리 미디안 사람을 이스라엘의 손에 붙이신 것이라고 하였다. 하여튼 하나님이 의도하신 표징은 명확하다. 보리떡은 가난에 빠진 이스라엘 사람을 가리키고 진은 유목 미디안을 가리킨다. 기드온은 그것을 여호와께서 이스라엘이 미디안에게 이기리라고 격려하신 것으로 정확히 이해했다. 자동적으로 기드온은 이것을 듣고 하나님께 경배하고 이스라엘 진영으로 돌아와 즉시 그의 군대를 정돈시켰다. 그리고 그들에게 하나님이 그에게 주신 확신, 여호와께서 미디안 군대를 그의 손에 붙이셨다는 것을 알렸다.

(8) 기드온이 미디안을 이김

7:16~22 기드온은 그의 부대를 셋으로 나누고 나팔과 횃불이 든 빈 항아리라는 이상한 무기를 들게 했다. 그들이 미디안 진지에 도착했을 때 다행히 보초가 방금 교대한 중간 경비(저녁 10시)가 시작할 무렵이었다. 기드온 당시에 첫 경비는 저녁 6시에서 10시, 중간 경비는 10시에서 새벽 2시, 새벽 경비는 새벽 2시에서 6시까지였다.

이 위험한 시간에 이스라엘 사람들은 나팔을 불며 항아리를 깨뜨렸다 (둘 다 요란한 소리를 내었고, 횃불이 밝게 비추게 되었다). 그리고 나서 "여호와와 기드온의 칼이다" 하고 외쳤다. 이 고함 소리는 여호와께서 그들에게 승리를 주신다는 확신의 표현이자, 미디안 사람에게는 공포를 일으키는 것이었다. 나팔은 동물의 뿔로 만들어졌는데 날카로운 소리를 냈고, 항아리는 흙으로 만들어졌다. 미디안 가운데 일어난 혼란은 믿을 수 없을 만한 것이어서, 미디안 사람들은 다수의 이스라엘 사람들이 공격하러 온 것으로 알았다. 그들은 아마 교대하고 돌아가는 보초병들을 이스라엘 군사로 오인했을 것이다.

하나님이 계획하신 혼란으로 이스라엘이 안전하게 진 주위를 정찰하는 동안 미디안 사람들은 **서로를 칼로 찔렀다**. 미디안 군대는 남동쪽의 **벧 싯다와 아벨므홀라로** 도주했다. 아벨므홀라는 아마 텔 아부 수스(Tell Abu Sus)로 긴네렛(긴네롯, 갈릴리) 바다 남쪽 38킬로미터에 있다(아벨므홀라는 엘리야가 엘리사를 제자로 삼으려고 부를 때 엘리사가 살던 곳이다, 왕상 19:16). 미디안 군대는 요단을 건너기 위해 스레라와 답밧에 도착했다.

(9) 증원을 위한 기드온의 설교

7:23~24상 기드온은 도망가는 미디안 사람들을 추격하기 위해 납달리, 아셀, 모든 므낫세 지파로부터 사람을 모았다. 여기에 응답한 사람 중에는 아마 처음에 기드온의 군사로 왔다 되돌아갔던 사람들도 포함되었을 것이다. 기드온은 또한 에브라임 사람들에게도 도움을 청했다. 그들은 미디안 사람들이 요단 강에 배를 띄우지 못하게 차단시키는 전략적인 장소에 위치하고 있었다.

(10) 에브라임 사람들이 오렙과 스엡을 사로잡음

7:24하~25 에브라임 사람들은 재빨리 요단 나루턱을 봉쇄하고(벧 바라에 대해서는 알려져 있지 않다) 미디안의 두 지도자, 오렙('까마귀'란 뜻)

과 스엡('여우'란 뜻)을 붙잡아 전형적인 근동 지방의 군사 관례에 따라 그들의 머리를 잘라 기드온에게 보냈다.

(11) 에브라임을 향한 기드온의 외교

8:1~3 그렇지만 에브라임 사람들은 모레 산에서의 처음 전투에 자기들을 부르지 않았다(7:1)고 해서 기드온에게 날카롭게 항의했다. 기드온의 '유순한 대답'(참조, 잠 15:1)은 에브라임 사람들의 질투심 앞에서 교묘한 외교술로 사용되어 종족 간의 전쟁을 피할 수 있게 했다(사사기 12장 1~6절에서 입다는 에브라임의 질투에 거슬러 대항했다). 기드온의 비유에서 아비에셀의 맏물 포도는 미디안 진지에서의 처음 승리를 의미하고 (기드온은 아비에셀 사람이다. 6:11) 에브라임의 끝물 포도는 미디안의 두지도자를 살육하는 '마지막 소탕' 작업을 뜻한다.

(12) 요단 동편에서 미디안 사람을 추격함

8:4~9 이스라엘 증원군이 비록 도망치는 많은 미디안 군대를 죽였지만 미디안의 두 왕, 세바와 살문나는 요단을 건너 남동쪽으로 도망쳤다. 기드온은 300명의 군사를 이끌고 급히 추격하다 요단 동편 갓 지파의 두 성읍인 **숙곳 사람들**(5절)과 **브누엘 사람들**(8~9절)에게 음식을 구했다. 두 지역 사람들은 모두 기드온에게 도움 주기를 거절했다. 아마 미디안의 보복이 두려웠던 모양이다. 그러나 이것은 여호와와 그의 선택하신 구원자에 대항하는 미디안 사람들과 자기들을 연합시키는 것과 다름없었다. 그래서 드보라가 메로스 성읍을 저주했던 것처럼(삿 5:23), 기드온은 그들에게 그들의 사실상의 적대 행위에 대해 보복을 하겠다고 위협했다.

그는 숙곳 사람에게 **내가 들가시와 찔레로 너희 살을 찢으리라**(문자적으로 '탈곡하다'라는 뜻)고 했다. 이것은 곡식을 털듯 탈곡기의 가시와 같은 가시들 위로 그들을 끌고 가거나, 그들 위로 탈곡기를 지나가게 한다는 뜻인데 필연적으로 죽음을 초래할 것이었다. 브누엘 사람에게는 위협하기를 "내가 이 망대를 헐리라"고 했다(참조, 17절). 이 망대는 세겜의 망대나(9:46~49) 데베스의 망대처럼(9:50~51) 사람들이 안전을 위해 도망가는 요새일 것이다.

8:10~12 두 미디안의 왕들(세바와 살문나)은 살아남은 불과 만 5,000명을 이끌고 갈골에 도착했다. 만 5,000명은 미디안의 전체 군사인 13만 5,000명의 11퍼센트에 불과하다. 기드온은 노바와 욕브하 동쪽으로 따라와서 미디안을 기습 공격하여 두 왕을 사로잡고 군대를 격파했다.

8:13~17 헤레스 비탈에서 북서쪽으로 돌아오는 중 기드온은 숙곳의 젊은이를 잡아 그 곳의 77명의 방백들의 이름을 적게 하였다. 그 후 기드온은 전에 숙곳의 장로들에게 위협한 처벌을 시행했다(참조, 7절). 또한 브누엘 성읍도 처벌했다(참조, 9절).

8:18~21 미디안의 두 왕을 잡고 나서 기드온은 기록되지 않은 사건, 즉 다볼에서 그의 형제들을 여러 명 살육시킨 사건에 관해 심문했다. 다볼은 모레 산 북쪽에 있는 작은 산이다. 이 사건이 미디안 사람들이 전에 이스르엘 골짜기에 침입할 때 생겨난 일인지 최근 침입 때 일어난 것인지는 언급되지 않고 있다.

기드온은 피의 복수라는 의무를 감당해야 했는데(참조, 신 19:6, 12), 아마 그의 형제들은 전쟁터가 아닌 집이나 들판에서 죽은 것 같다. 기드온은 맏아들 여델에게 그들을 죽이라고 했다. 아직 미숙한 상대에게 죽임을 당한다는 것이 이 두 왕에게는 적절한 모욕이 되겠지만 소년은 살인을 할 준비가 되어 있지 않았다. 그래서 그들은 용감한 기드온에게 죽임을 당하는 것이 영광이라고 생각하면서 기드온에게 스스로 복수하라고 요청했다. 기드온은 전리품으로 그들의 낙타 목에 있던 초승달 모양의 장식들을 취하였다.

(13) 기드온이 왕 되기를 거절함
8:22~23 이 굉장한 승리 후에 이스라엘 사람들은 기드온에게 왕이 되어 자기들을 다스려 달라고 요구했다. 즉 당신과 당신의 아들과 당신의 손자로 이어지는 왕조를 세우라는 것이다. 기드온은 왕이 되는 것이나 왕조를 세우는 것 모두를 거절했다. 기드온은 의미심장한 말을 했는데, 즉 "여호와께서 너희를 다스리시리라"고 말했다. 이는 여호와의 신정(神政) 통치를 뜻한다.

(14) 기드온의 에봇의 올무
8:24~26 그는 왕권을 거부했지만, 사실상 세금의 형식으로 금귀고리를 요구하였다. 이스마엘 사람이란 하갈에서 유래한 유목민으로(창 16:15) 넓게 쓰일 때는 미디안 사람에게도 적용된다.

8:27 기드온은 그가 받은 금으로 에봇을 만들어 그의 고향 오브라에 두었다. 이 행동을 한 기드온의 의도가 어디에 있든지 간에, 백성은 이 에봇을 숭배했고 그것은 기드온과 그의 집에 올무가 되었다. 이 에봇이 무엇인지는 분명하지 않다. 대제사장이 입는 짧은 상의인지도 모른다(출

28:6~30; 39:1~21; 레 8:7~8). 그러나 기드온의 에봇은 의복으로 입는 것이 아니라 우상으로 승격되었다. 어떤 의미에서 기드온은 제사장의 기능을 빼앗아 장막 성전에 버금가는 예배 처소를 세웠는지도 모른다. 마지막에 기드온은 하나님이 그를 이스라엘을 구원하라고 부르신 자리에서 떠나 혼합주의로 되돌아간 것같이 보인다.

d. 평화의 기간(8:28)

8:28 기드온이 미디안을 격파한 결과 그 땅이 40년간 평화를 즐겼다. 이것이 사사기에 기록된 마지막 평화의 기간이다. 뒤이은 입다나 삼손의 행동은 평화를 가져다주거나 나라의 쇠퇴를 막은 것 같지 않다.

e. 기드온의 죽음(8:29~32)

8:29~32 여룹바알(즉 기드온. 참조, 6:32; 7:1)은 비록 왕권을 거부했지만 대체로 왕처럼 살았다(많은 부인을 두어 70명의 아들을 낳았다). 그는 또한 세겜에도 첩을 두어 아비멜렉이란 아들을 두었다. 이것은 다음에 되풀이되어 나오는 이스라엘의 배교의 무대가 되었고 기드온이 죽자마자 시작되었다.

6. 아비멜렉의 정권 탈취 이후 사사 직분을 수행한 돌라와 야일 (8:33~10:5)

사사기 나머지 부분에 나오는 어느 사사도 평화의 시기를 만들지 못했다는 사실은(3:11, 30; 5:31; 8:28과 대조하여) 의미 있을지 모른다. 이것은 정치적, 사회적, 도덕적 타락이 점점 더해 가는 것과 일치한다. 사사 시대의 퇴락이 시작되는 사건은 아비멜렉의 폭정이다. 기드온의 첩의 아들인 아비멜렉은 사사로 불리지 않았다. 사실상 그의 통치는 압제였고 압제는 그의 죽음으로 종식되었으며 돌라의 사사 직분 계승으로 마감되었다.

a. 이스라엘의 죄악(8:33~35)

8:33~35 기드온이 죽자 이스라엘은 마치 기다렸다는 듯이 즉시 우상 숭배로 돌아섰다(참조, 2:19). 여호와의 모든 구원 행위에 대해 감사하며 경배하는 대신, 그들은 **바알브릿**을 자기들의 신으로 삼았다. 바알브릿은 세겜에 성지를 가지고 있었고(9:3~4) 거기서 그는 또한 엘브릿으로도 경배되었다(9:46). 그들이 **여룹바알의 집**을 후대하지도 않은 것은 아비멜렉이 기드온의 아들들을 손쉽게 죽일 수 있게 만들었다(9:5).

b. 아비멜렉 치하에서의 고통(9장)

(1) 아비멜렉의 세겜에서의 음모
9:1 (9장에서 기드온이 계속 기드온으로 불리지 않고 **여룹바알**로 불리는 것은 흥미롭다) 아비멜렉은 첩에게서 난 기드온의 아들이었다(8:31). 이 후처는 아마 세겜에 살면서 가끔 남편의 방문을 받으면서 살았을 것이다. 이런 환경에서 아비멜렉은 배다른 형제들에게 미움을 받았을 것이 틀림없다. 그러나 세겜에 있는 외갓집에서는 환영을 받았을 것이다.

세겜은 아브라함 이래로 종교적으로 중요한 중심지이다(창 12:6~7). 이곳은 여호수아가 율법의 복과 저주를 복창하게 했던 그리심 산과 에발 산 사이 좁은 계곡에 위치하였다(수 8:30~35). 그리고 세겜은 여호수아가 죽기 전에 언약을 갱신하는 의식을 거행한 곳이다(수 24:1~28). 세겜은 서쪽 해안 도로에서 요단 강에 있는 아담으로 가는 길과 남쪽 예루살렘에서 북쪽 이스르엘 골짜기로 이르는 길이 서로 교차하는 전략적인 지점이다.

9:2~5 아비멜렉은 세겜 사람에게 **여룹바알의 아들들** 대신에 자신이 세겜을 통치할 뜻을 밝혔다. 여룹바알의 아들들은 왕이 될 생각이 없었음에도, 그들은 **바알브릿 신전**에서 얼마의 은을 아비멜렉에게 주었고, 아비멜렉은 자신의 사병(私兵)으로 폭력배들을 고용했다. 그들의 첫 번째 임무는 아비멜렉의 70명의 아들을 한 바위 위에서 살해하는 대량 학살이었다. 다행히 기드온의 막내아들인 요담은 도망쳤다.

9:6 권력의 경쟁자들을 제거한 후 아비멜렉은 세겜의 평민들과 벳 밀로('요새의 집.' 개역개정에는 "밀로 모든 족속"으로 번역됨—편집자 주)에 사는 귀족들에 의해 왕이 되었다. 왕위 등극은 세겜에 있는 **상수리나무**(신성한 나무로 알려짐. 참조, 창 12:6; 35:4) 기둥(참조, 수 24:26) 아래서 이루어졌다. 아비멜렉의 권위가 세겜 주변의 여러 도시에도 미쳤는지는 의심스럽다.

(2) 세겜 사람들에 대한 요담의 반응
9:7 아비멜렉에 의한 대량 학살을 피했던(5절) 기드온의 막내아들 요담

은 용감스럽게 세겜의 남서쪽에 있는 그리심 산 꼭대기에 올라가 세겜 사람들에게 소리쳤다. 요담의 연설은 성경에 나오는 몇 개의 우화(동물이나 나무가 인격화된 짧은 이야기) 중 첫 번째로 그 형식이나 내용에 있어서 주목할 만하다. 연설의 목적은 쓸모없는 살인자 아비멜렉을 지도자로 삼은 것에 대해 세겜 사람들이 하나님 앞에 책임을 져야 한다는 것이다(내 말을 들으라. 그리하여야 하나님이 너희의 말을 들으시리라).

9:8~15 요담의 비유의 초점은 쓸모없는 사람이나 다른 사람을 지배하려고 하지, 쓸모 있는 사람은 하는 일이 너무 바빠 그런 권력의 자리를 추구하지 않는다는 것이다. 비유의 내용은 명백하다.

나무들은 왕을 구했다. (1) 그러나 그것은 하나님과 **사람**을 영광스럽게 하는 기름을 생산하는 감람나무에 의해 거절당했다(8절). (2) 이스라엘에서 주요 식품인 열매를 맺는 **무화과나무**도 그것을 거절했다(10절). (3) 왕과 사람을 즐겁게 하는 술을 만드는 **포도나무**도 거절했다(12절). 자포자기한 나무들은 **가시나무**에게 왕이 되어 달라고 했다(14절). 가시나무는 나무들이 그의 **그늘로 피하는** 것을 조건으로 수락했다(15절). 요담은 여기서 극단적인 역설을 사용했는데, 보잘것없는 가시나무는 다른 나무들에게 그늘을 거의 제공하지 못하기 때문이다. 그러나 **가시나무에서 불이 나온다**는 위협은 사실이다. 농부들은 메마른 가시덤불을 통해 급속히 번지는 산불을 두려워했다.

9:16~20 요담은 그 후, 쓸모없는 '가시덤불 왕'의 비유를 세겜 사람들이 무가치한 지도자를 받아들인 것을 비난하는 데 적용시켰다. 이 비난은 실제로 저주의 형태를 취한다(참조, 20, 57절). 요담은 세 가지 상황

을 들어 비난했다(16절). 기드온의 선행과 아비멜렉의 악행을 열거한 후 (17~18절) 요담은 다시 비난했다. 만일 여룹바알(기드온)과 그의 집을 대접한 것이 진실하고 의로운 일이라면, "너희와 아비멜렉은 서로를 인하여 기뻐할 것이다"(19절). 그러나 그 반대라면 불이 세겜 사람과 아비멜렉 모두를 사를 것이다. 이 저주의 말은 57절에서 시행되었다.

9:21 요담이 브엘('우물')로 도망친 것으로 보아 세겜 사람들은 그의 비난을 받아들이지 않은 것이 분명하다.

(3) 가알의 인도 아래서의 세겜 사람들의 혁명

9:22~25 아비멜렉의 통치 아래 3년이 지나자 세겜 사람들의 반란이 일어났다. 세겜 사람들에 대한 요담의 저주가 이루어지도록 하나님이 악한 영을 보내셨다. 그들은 세겜을 통과하는 중요한 길목에 사람을 매복시켰다가 상인이나 행인들을 강탈했다. 이러한 행동은 여행자에게 통행세를 받아 아비멜렉에게 세금을 빼앗아 가는 결과를 초래했다. 하나님이 악한 영을 보내셨다는 사실은 하나님이 온 우주를 주권적으로 통치하신다는 사실을 보여 준다. 사탄조차 하나님이 허락하지 않으시면 욥을 공격하지 못했다(욥 1:12; 2:6).

9:26~29 세겜 사람들은 에벳의 아들 가알을 새로운 지도자로 찾아내었다. 포도를 수확할 무렵 세겜 사람들은 이교적인 종교 연회를 벌였다. 이 축제 기간에 그들은 아비멜렉을 저주하고 가알을 신임하였다. 가알은 아비멜렉과 그의 대리 통치자인 스불을 조롱했다. 가알은 그들에게 잡종인 아비멜렉보다는 하몰의 후손(창 34:26)을 섬길 것을 권했다. 이것은 세겜

인구의 대부분이 가나안 본토인임을 암시한다. 가알은 대담하게 부재중인 아비멜렉에게 도전했다. 네 군대를 증원해서 나오라!

(4) 가알에 대한 아비멜렉의 보복

9:30~33 그 성읍의 통치자인 스불은 반역자 가알로 인해 화가 났다. 그래서 그는 근처 아루마에 살던(41절) 아비멜렉에게 밤에 군대를 보내어 해 뜰 때 가알을 죽이도록 충고했다.

9:34~41 아비멜렉은 그의 군대를 넷으로 나눠 세겜에 몰래 와서 해 뜰 때 움직이기 시작했다. 가알이 이들의 움직임을 발견하자 스불은 그것은 산의 그림자일 뿐이라고 주장했다. 그러나 가알은 계속해서 그들이 사람이라고 주장했다. 가알을 더 이상 속일 수 없게 되자 스불은 그에게 군대를 끌고 나가 아비멜렉의 군대와 맞서 싸우라고 충동질했다. 허풍을 떨었기에 가알은 맞서는 것밖에 다른 길이 없었고, 그를 따르던 세겜 사람들은 아비멜렉에게 패배했다. 그 후 아비멜렉은 아루마로 돌아갔고 세겜 사람들은 가알과 그의 형제들을 쫓아낸 스불에게 충성하였다.

9:42~45 그러나 아비멜렉의 분노는 사라지지 않고 세겜 사람의 또 다른 반역이 두려워 사람들을 매복시켰다. 그리고 군대를 세 부대로 나누어 한 부대가 성문을 지키고 있는 동안 두 부대가 사람을 살육하였다. 저녁때 그는 성을 점령하고 주민을 죽이고 성을 헐었다. 그 후 그는 그 위에 소금을 뿌렸는데 이는 영원히 황폐하라는 의미일 것이다(참조, 신 29:33; 렘 17:6). 고고학은 여로보암 1세가 재건하기 전까지 폐허로 남아 있던 세겜이 12세기에 파괴되었음을 확인해 주었다(왕상 12:25).

9:46~49 이 구절들은 그 후에 파괴된 성읍 밖에서 일어난 사건이라기보다 45절에 이미 기록된 파괴 도중에 일어난 것으로 보인다. 밭에서의 살육이나(43~44절) 성문의 점거를(44절) 듣고 세겜 사람들은 세겜의 망대로 피신했다. 아마 세겜의 망대 중 하나일 엘브릿(바알브릿의 다른 이름. 4절)의 신전 안에 자신들을 숨겼으나, 아비멜렉과 그의 군대는 살몬 산에서 나무를 잘라 불을 놓아 남녀 천 명이 죽었다.

(5) 데베스에서의 아비멜렉의 불명예스러운 죽음
9:50~55 아비멜렉은 다음으로 데베스를 포위했다. 데베스는 세겜에서 벳산으로 가는 길 북동쪽으로 16킬로미터에 있는 오늘날의 투바스(Tubas)와 동일시된다. 이 성은 확실히 아비멜렉의 통치에 대한 반역에 가담했다. 세겜에서 했던 대로 아비멜렉은 사람들이 도망한 망대에 불을 놓으려 했다. 그러나 한 여인이 맷돌 위짝을 그의 머리 위로 던져 그의 두개골이 깨졌다. 아비멜렉은 죽어 가면서, 자신이 여인에게 죽임을 당했다는 소리를 듣고 싶지 않다며 그의 무기를 든 자에게 자신을 죽이라고 명령했다. 이에 그 청년이 아비멜렉을 찔러 죽였다. 아비멜렉의 추종자들은(여기서 이스라엘 사람들로 확인된다) 그가 죽은 것을 보고 각각 자기 처소로 돌아갔다.

(6) 요담의 저주가 성취됨
9:56~57 신성한 역사가는 세겜의 파괴와 아비멜렉의 죽음 배후에는 하나님의 섭리가 있었음을 기록했다. 하나님은 아비멜렉이 기드온과 그의 가족에게 행한 악을 갚으셨다. 또한 세겜 사람의 모든 악을 갚으셨다. 그리하여 기드온의 아들 요담의 저주는 이루어졌다(참조, 20절).

c. 돌라와 야일에 의한 구원(10:1~5)

돌라와 야일은 소위 '소 사사'라고 불리지만 왕정 이전 시기에 이스라엘을 구원하는 데 있어서는 결코 뒤떨어지지 않는다. 특별히 돌라는 동시대의 아비멜렉의 타락과는 반대로 행동했다. 길르앗의 사사 야일은 다음 시대 같은 지역의 대 사사인 입다의 등장을 예고하였다.

10:1~2 돌라는 에브라임 산지에서 활동하였지만 그 자신은 잇사갈 사람이다. 그의 사사 직분은 아비멜렉의 보잘것없는 왕국이 세워졌던 곳에 인접한 므낫세 지파에도 영향을 미쳤을 것이다. 아무런 외적에 대한 언급이 없는 것으로 보아 그의 구원 활동은(그가 일어나서 이스라엘을 구원하니라) 내부 투쟁과 슬픈 국사(國事)와 관련되었을 것이다(아비멜렉의 통치를 포함). 돌라는 죽기까지 23년간 다스렸다. 그가 거주하고 묻힌 사밀은 어디인지 위치가 확인되지 않는다.

10:3~5 돌라 이후에 야일이 요단 동편 므낫세 땅인 길르앗에서 22년간 이스라엘을 이끌었다. 그의 높은 위치는 그의 지위를 상징하는(참조, 12:14) 나귀를 각자 탄 30명의 아들들에서 입증된다. '야일의 동네'(하봇야일)는 야일에 의해 초창기에 붙여진 바산에 있는 마을의 이름이다(민 32:39~42; 신 3:14). 야일이 묻힌 가몬은 길르앗에 있는 오늘날의 쾀(Qamm)일 것이다.

7. 암몬 족속의 침략에서 구원한 입다(10:6~12:7)

사사기 10장 6~16절은 입다와(10:17~12:7) 삼손의(13~16장) 사사 직분에 대한 신학적인 소개인 것 같다. 10장 7절에 나온 압제자들로 암몬 사람과(동쪽) 블레셋 사람이(서쪽) 동시에 소개되고 있기 때문이다.

a. 이스라엘의 범죄(10:6)

10:6 일곱 종류의 이방 신들과(6절) 이스라엘을 압제한 일곱 나라가(11절) 수적으로 일치하고 있음은 주목할 만하다. 앞서 말했듯이 바알과 아스다롯은 가나안의 신들이다(참조, 2:13). 아람의 신들은 하닷이나 림몬이고(왕하 5:18) 시돈의 신들은 바알과 아세라이다(참조, 왕상 16:31~33; 18:19). 모압의 주신(主神)은 그모스이고(왕상 11:5, 33; 왕하 23:13) 암몬은 밀곰이나 몰렉이며(왕상 11:33; 습 1:5) 블레셋은 다곤이다(삿 16:23). 놀랍게도 이스라엘 자손은 이들 주변 나라의 신들을 경배하고 동시에 여호와를 버리고 더 이상 여호와를 섬기지 않았다.

b. 암몬의 통치 아래 받은 고통(10:7~9)

10:7~9 여호와께서는 다시 방탕하는 그의 백성을 외국 압제자들에게 맡겨 징벌하셨다. 서쪽에서는 블레셋이(13~16장의 삼손 이야기를 예상하며), 동쪽에서는 암몬이 이스라엘을 18년간 짓밟았다. 암몬은 에훗 시대에 모압의 에글론과 동맹했던 모압 북동쪽에 있는 요단 동편의 왕국이다(3:13). 암몬 자손이 길르앗을 압제했는데, 길르앗은 남쪽은 갓 지파가,

북쪽은 므낫세 반 지파가 차지한 요단 동편 땅이었다. 암몬 자손은 요단을 건너(아마 주기적으로) 유다와 베냐민과 에브라임에게 노략질을 했다.

c. 이스라엘의 회개(10:10~16)

10:10~16 이전에 이스라엘이 고통 중에 여호와를 불렀다고 해서 그것이 죄를 회개했다는 증거는 아니었다(참조, 3:9, 15; 4:3). 미디안이 침략했을 때 여호와께서는 선지자를 보내 이스라엘이 회개할 필요가 있음을 지적했다(6:7~10). 그러나 이번 경우에는 이스라엘 사람들이 순수한 회개를 표시하며 그들의 죄를 먼저 고백하고(우리가 주께 범죄하였나이다), 여호와께서 그들을 꾸짖으시자(너희가 택한 신들이 너희를 구원하게 하라) 끈덕지게 죄를 고백하면서 이방 신들을 제거하고 여호와를 섬겼다. 이스라엘의 곤고에 대한 하나님의 자비가 입다를 구원자로 일으키게 했다. 마온 사람(10:12)은 미디안 사람이거나 마온이라는 이름을 가진 가나안 사람에게서 유래한 종족일 것이다.

이스라엘 주변 나라들의 이방 신과 여신들	
이름	나라
1. 바알	아람, 페니키아, 가나안
2. 아세라	아람, 페니키아, 가나안
3. 아스다롯	아람, 페니키아, 가나안
다른 이름: 아스타테	아람
4. 하닷=림몬	아람
(바알의 아람 이름)	
5. 아닷 = 하닷	메소포타미아
6. 그모스	모압
7. 밀곰 = 몰렉	암몬
8. 다곤	블레셋
9. 레셈	아람

d. 입다에 의한 구원(10:17~12:6)

(1) 길르앗의 장로들이 입다를 선출함

10:17~11:6 길르앗에 대한 암몬 자손의 침략에 대응하여 이스라엘 자손도 미스바에 모여서 진을 쳤다. 이스라엘의 첫 번째 과제는 군사령관을 찾아내는 일이다. 그들은 입다를 찾아냈는데(11:4~6) 그의 가족의 초창기 역사가 11장 1~3절에 요약되어 있다. 아비멜렉과 같이(참조, 9장) 입다도 혼혈 가나안인이었던 것 같다(그의 어머니는 창녀였다). 그는 그의 이복형제들로부터 쫓겨났다(11:2). 그는 돕 땅(아마 암몬의 북쪽이면서 므낫세의 동쪽인)에서 폭력배들을 끌어모았다(11:3).

11:7~11 길르앗 장로들은 입다의 면전에서 그의 핀잔을 들었다. 그들은 약속하기를 전쟁에서 이기면 입다가 그들의 지도자가 될 것이라며 여호와를 증인으로 삼아 맹세했다(10절). 그 뒤 미스바에서 맹세를 하는 의식을 가졌다. 기드온의 사사 직분과 관련하여 여호와의 부르심을 받은 데 반해, 입다는 사람들에게 부름을 받았다. 그렇지만 여호와께서 그들의 선택의 증인이 되시고(10~11절) 하나님의 영을 입다에게 내리셔서 승리하게 하셨다.

(2) 입다와 암몬 왕과의 외교

11:12~13 길르앗의 사령관으로서 입다는 놀랍게도 처음에는 평화적으로 문제를 해결하려 했다. 사신을 보내어 왜 길르앗을 공격하느냐고 암몬 왕에게 물었다. 왕의 답변은 이스라엘이 애굽에서 나올 때 자기 땅을 빼앗았다는 비난조의 말이었다. 입다는 곧 그 말이 진실이 아니라고 주장했다

(14~27절). 그러나 암몬 왕은 입다에게 땅을 되돌려 달라고 요구했다. 아르논과 얍복은 암몬의 남쪽과 북쪽 경계선에 있는 강들이다. 아르논 남쪽은 모압이다. 아르논은 사해로 흘러 들어가고 얍복은 요단으로 흐른다.

11:14~22 입다는 이스라엘 역사에 대한 자신의 지식(말이나 글로 배운)을 사용하여 암몬 왕의 주장을 논박했다. 입다는 에돔(민 20:14~24)과 모압이 그들의 땅을 통과하기를 거절한 것에 의해 이스라엘이 묵묵히 따른 사실을 지적했다(삿 11:17~18). 그러나 이스라엘이 에돔과 모압의 국경을 돌아서 **아르논의 건너편에 진을 쳤을 때** 아모리 왕 시혼은 이스라엘이 요단으로 가기 위해 통과하는 것을 거절하고 **싸움을 걸었다**. 이에 여호와께서는 이스라엘을 승리로 이끄시고 이스라엘은 **아모리의 모든 땅을 아르논에서 얍복까지 차지하게 되었다**. 그리고 그 땅이 지금 암몬과 길르앗 사이에 논란이 되고 있는 것이다(참조, 13절). 이 지역은 사실 남부 길르앗에 속해 있고(나머지 길르앗은 얍복 강 북쪽이다) 이 지역의 남쪽은 (사해 북쪽 끝에서 동쪽으로 아르논에 이르는) 때로는 모압 지배에 놓여 있었다.

11:23~24 입다는 여호와께서 이 땅을 이스라엘에게 주신 것이라고 주장했다. 그는 암몬이 그들의 신인 **그모스**가 준 땅으로 만족해야 할 것이며 **여호와가 이스라엘에게 주신 땅을 빼앗으려 해서는 안 된다**고 결론지었다. 역사적으로 그모스는 모압의 신이고 밀감(또는 몰렉)은 암몬의 신이었다. 그러나 입다는 시혼이 모압을 아르논 남쪽으로 밀어내기 전, 모압 사람들이 살던 지역의 신을 가리키는 것 같다. 또 다른 설명은 모압 사람들이 길르앗을 공격할 때 암몬 사람들과 동맹하였기에 입다는 여기서

모압을 대상으로 한다는 것이다. 세 번째 가능성은 암몬 사람들이 당시에는 그모스를 경배했다는 것이다.

11:25~27 입다는 모압 왕 발락도 이 지역이 이스라엘의 권리임을 인정했다고 주장했다. 입다는 말하기를 사실상 암몬이 침략하기까지 이 땅은 300년 동안 주위 나라와 다툼이 없이 이스라엘의 것이었다고 했다. 그래서 입다는 이스라엘 입장에서 암몬에게 아무런 잘못도 저지르지 않았다고 밝혔다. 이스라엘에게 전쟁을 건 암몬이 잘못한 것이다.

11:28 입다의 외교는 암몬 왕이 그의 말을 들으려 하지 않았기 때문에 실패했다.

(3) 여호와께서 입다에게 능력을 주심

11:29 여호와의 영이 입다에게 내린 목적은 여호와께서 그의 백성을 징벌하는 데 사용했던 이방 압제자들과 싸우기 위해 군사적인 지도 능력을 주기 위함이다(참조, 3:10; 6:34; 13:25; 15:14). 구약의 인물과 관련하여 성령의 임재는 하나님을 위해 봉사하는 데 목적이 있지 거룩한 삶과 특별히 관련되는 것은 아니다. 그러므로 입다에게 내린 영을 반드시 다음 구절에 나올 그의 서원과 그것의 이행에 관련지을 필요는 없다. 입다가 길르앗과 므낫세를 여행한 것은 분명히 군대를 소집하기 위해서이다.

(4) 여호와께 한 입다의 서원

11:30~31 입다가 여호와께 한 서원은 모세의 시대에는 이상한 것이 아니었다. 입다는 암몬 자손을 이길 경우 감사할 것을 예상하여 맹세했을

것이다. 맹세의 내용은 입다의 열정을 보여 주나 많은 사람은 그것이 경솔하다고 생각한다.

(5) 암몬에 대한 입다의 승리

11:32~33 하나님은 입다의 소원을 들어 암몬 자손을 그의 손에 넘겨주셨다. 입다는 암몬에게 점령되었던 길르앗의 20개 성읍을 유린하고 암몬을 굴복시켰다. 아로엘(키르벳 아라이르[Khirbet Arair])은 사해 동쪽 22킬로미터에 위치한 아르논 강과 남북 무역로인 '왕도'가 교차하는 지점에 있다.

아벨 그라밈은 랍밧 암몬(Rabbath Ammon: 오늘날의 Amman)의 남서쪽 13킬로미터 근처에 있는 나우르(Naur)일 것이고, 민닛은 그 장소를 알 수 없으나 아벨 그라밈 근처일 것이다.

(6) 딸에 대한 입다의 행동

11:34~40 승리한 입다는 그의 집 문에서 기뻐 춤추며 나오는 딸을 만나게 되었다. 그녀는 아버지가 암몬에 승리한 것에 환호하며 축하하러 나온 것이다. 그녀가 **무남독녀였음**이 강조된다. 입다는 서원을 이행해야 할 것을 예상하면서 그의 애통과 슬픔을 근동 지방의 전형적인 풍습에 따라 옷을 찢으며 표현했다(참조, 창 37:29, 34; 44:13; 수 7:6; 에 4:1; 욥 1:20; 20:12).

"내가 여호와를 향하여 입을 열었으니 능히 돌이키지 못하리로다"라고 한 그의 말은 사람을 대신해 은으로 봉헌할 수 있는 법적인 선택권을 몰랐기 때문이다(참조, 레 27:1~8). 또한 모세 법은 분명히 인간 제물을 금지하였다(레 18:21; 20:2~5; 신 12:31; 18:10). 그러므로 많은 학자들은 입다가 자기가 서원한 대로 딸에게 행했다는 말은(39절) 딸의 운명을 번제로 드리는 대신 이스라엘 중앙 성소에서 일생 동안 처녀로 봉사했다는 의미라고 생각한다. 다른 학자들은 입다의 반(半) 이방 문화가 그로 번제를 드리게 했다고 믿는다. 두 가지 견해가 팽팽하게 전개되었다(Wood, 『고통스런 사사들의 시대』; Distressing Days of the Judges, 288~295; 메릴 F. 엉거, 『엉거 구약성경 주석』, Unger's Commentary on the Old Testament, 2권, Chicago: Moody Press, 1981, 1:331).

입다가 과연 그의 딸을 번제로 드렸느냐, 아니냐의 논쟁은 각각의 입장이 있고 어느 것도 결정적인 것은 아니다. 예로서 입다와 그의 딸의 슬픔은 그녀가 죽을 경우나 영구히 처녀가 될 경우 모두 해당된다. 어떤 경우에도 그녀에게는 자식이 없게 되고 입다는 후손이 없게 된다. 비록 입다가 경솔한 맹세를 했다 할지라도 모세 율법이 사람 제사를 금지한다는 것을 어느 정도 알고 있었을지도 모른다. 그러나 그의 반(半) 이교적 배경은 사사 시대를 지배했으므로, 그것이 무법적인 정신과 결합하여(참조, 17:6; 21:25) 그의 맹세를 지키도록 할 가능성이 있었다. 입다의 딸을 매년 기념하는 지역 풍습에 대한 기록은(11:39~40) 어느 견해도 강력하게 뒷받침하기에 충분하지 못하다.

장막 성전에 수종 드는 젊은 여인들이 있었다는 것도 입다의 딸이 번제로 바쳐지지 않았음을 증명하지 못한다(출 38:8; 삼상 2:22). 맹세에 대한 취사선택의 율법도(레 27장) 이 상황과 꼭 맞는 것은 아니다. 그러므로 소녀의 봉헌이 장막 성전에서 영원한 처녀로 봉사한 것이라는 증거가 명백하지 않은 한 입다가 "서원한 대로 했다"는 말을 그가 그의 딸을 인간 제물로 드렸다고 보는 것이 더 자연스러운 해석이다.

어떤 입장을 취하든 입다의 딸의 태도는 훌륭하다. 영원히 성전에 봉사했든 죽음을 당했든 그녀는 아기를 낳을 수 없었다. 이것은 고대 이스라엘 여인들에게 있어서 커다란 슬픔이었다. 그러나 그녀는 아버지의 맹세에 자신을 복종시켰다. 아버지께서 여호와를 향하여 입을 여셨으니 아버지의 입에서 낸 말씀대로 내게 행하소서. 약간은 지역적이기는 하지만 이 사건에서 이스라엘의 한 관습이 생겨났다. 이스라엘의 딸들이 해마다 가서 길르앗 사람 입다의 딸을 위하여 나흘씩 애곡했다.

(7) 에브라임과 입다의 싸움

12:1~6 에브라임 사람들은 암몬 자손에게 침입을 당했다(참조, 10:9). 에브라임 사람들은 입다가 암몬을 패배시키는 과정에서 그들의 도움을 청하지 않았다며 그를 공격했다. 비슷한 상황에서 기드온이 재치 있게 처리한 것에 비해(참조, 8:1~3) 입다는 그들이 그의 부름에 응하지 않았고(불렀다는 기록은 없지만) 그래서 그는 그들의 도움 없이 암몬과 싸워 이겼다고 주장했다. 에브라임 사람들에 의한 모욕은 길르앗 사람들로 하여금 그들을 공격하게 했다. 길르앗 사람들은 에브라임으로 돌아가려고 요단 강을 건너는 생존자들조차도 죽였다. 에브라임 사람들은 일상적으로 '스'(s) 발음을 '쉬'(sh)로 발음했기에 쉽게 발각되었다. 이 이스라엘의 내전에서 질투의 대가로는 너무 비싼 4만 2,000명의 에브라임의 목숨을 잃었다.

e. 입다의 죽음(12:7)

12:7 암몬에게 승리한 후 입다는 죽기까지 6년을 다스렸다.

8. 입산, 엘론, 압돈(12:8~15)

이스라엘의 각지에서 입다에 이어 세 명의 소사사들이 나왔다.

12:8~10 입산이 사사로서 이스라엘을 이끌었는데 그의 고향은 베들레헴이다. 이 베들레헴이 유다에 있는 베들레헴인지 스불론에 있는 베들레헴인지는(참조, 수 19:10, 15) 나타나 있지 않다. 입산의 사회적 지위는 아들 30명, 딸 30명이라는 대가족에서 증명된다. 그가 그의 딸과 아들들을 위한 배우자를 그의 종족 밖에서 구한 것은 정치적 동맹을 위한 것이다. 그는 7년을 다스리다 죽었다.

12:11~12 스불론 사람 엘론이 이스라엘을 10년간 이끌었다. 그가 묻힌 장소는 스불론 경내의 아얄론(미확인된 성읍)이란 사실 외에 알려진 것이 없다.

12:13~15 압돈은 에브라임의 비라돈(세겜에서 남서쪽 11킬로미터에 위치) 출신으로 40명의 아들과 30명의 손자가 있었다. 그들은 각각 높은 신분의 상징인 나귀를 탔다(야일의 아들 30명도 각자 나귀를 탔다. 참조, 10:4). 압돈은 8년을 사사 노릇을 했고 아말렉과 싸운 듯하다.

9. 블레셋으로부터 구원한 삼손(13~16장)

a. 이스라엘의 범죄(13:1상)

13:1상 이스라엘의 타락은 사사기에 일곱 번째 배교가 기록됨으로 절정에 이르렀다(3:5~7, 12~14; 4:1~3; 6:1~2; 8:33~35; 10:6~9). 이 배교는 10장 6절에 기록되었던 우상 숭배와 같은 양상이었다. 10장 7절에 블레셋에 의한 압제가 언급되고 있기 때문이다.

b. 블레셋 치하에 받은 고통(13:1하)

13:1하 이스라엘의 뿌리 깊은 배교와 블레셋 군사의 강성함은 전례 없는 40년간의 압제를 가져왔다. 물론 다윗이 통치하기 전까지도 블레셋은 침략을 계속했다(참조, 삼하 5:17~25). 블레셋이 현 팔레스틴에 정착한 것은 초창기로 보이지만(창 21:32~34; 26:1~18; 삿 1:18~19), 그들은 BC 1200년에 있었던 바다 민족(The Sea Peoples)의 침입 기간에 대대적으로 정착했다. 그들은 가사, 아스글론, 아스돗, 갓, 에글론의 다섯 도시 동맹을 조직했다(참조, 수 13:3).

블레셋이 동쪽으로 베냐민과 유다의 땅으로 침략을 개시했을 때, 이스라엘은 사무엘 때까지(삼상 7:10~14) 아무런 저항도 없이(참조, 14:4; 15:11) 그들의 지배를 받아들였다.

삼손의 부모들은 단 지파였는데, 단 지파가 북쪽으로 이주했음에도 불구하고(삿 18장) 어째서 소렉 골짜기에 머물렀을까? 단 지파의 소수는 대다수의 이주 이후에도 그곳에 머물렀음이 틀림없다.

c. 삼손에 의한 구원(13:2~16:31)

만일 10장 10~16절에 언급된 회개에 블레셋에게 박해를 받고 있는 (참조, 10:7) 서부 이스라엘 사람들이 포함되어 있는게 아니라면, 하나님이 삼손을 구원자로 일으키시기 전에 이스라엘이 하나님께 울부짖었다는 언급은 없다(3:9, 15; 4:3; 6:7; 10:10과 대조적으로). 삼손은 이스라엘을 20년간 다스렸기에(15:20; 16:31) 20세에 활동을 시작했다면 그의 생애가 40년의 블레셋 압제 기간과 비슷하다. 삼손은 하나님의 도움으로 그의 사후에 블레셋을 복종시킨(삼상 7:10~14) 사무엘과 동시대 사람이었다.

(1) 삼손의 출생

13:2~5 삼손의 부모는 단 지파 출신인데, 대부분의 단 지파 사람들이 북쪽으로 이주했기에(18장) 단지 한두 가족이 원래 지역에 남아 있었다. 소라의 마노아라는 사람은 아기가 없었는데, 그의 아내가 여호와의 사자를 만나게 되었다. 소라는 예루살렘 서쪽 22킬로미터 근처에 있는 지역으로 원래는 유다의 성읍이었으나(수 15:20, 33) 후에 단 지파의 소속이 되었다(수 19:40~41). 사자가 나타나서(참조, 삿 2:1~2의 주해) 그녀가 아들 낳을 것을 예언하고, 그가 나실인이 되리라고 말했다.

나실인('바쳐진' 또는 '드려진'이라는 뜻을 가진)은 술을 마시지 않고 머리를 자르지 않으며 시체를 만지지 않기로 하나님께 맹세한 사람이다(민 6:2~6). 나실인의 맹세는 보통 일정한 기간 동안이지만, 삼손은 그의 전 생애에 걸쳐 하나님의 나실인이 되어야 했다(삿 12:7). 그의 어머니도 일정 기간 나실인의 맹세를 지켰다(4, 7, 14절). 삼손은 나실인으로 구별될

뿐 아니라 블레셋으로부터 이스라엘을 구원하도록 하나님의 택하심을 받았다. 이 과제의 완성은 사무엘과(삼상 7:10~14) 다윗을(삼하 5:17~25) 통해 이루어졌다.

13:6~8 마노아의 아내가 남편에게 하나님의 사자의 용모와 같은 하나님의 사람을 만났다고 고하자, 마노아는 자신이 낳을 아이에게 어떻게 행할지를 가르쳐 달라며 하나님의 사람이 다시 나타나기를 하나님께 기도했다.

13:9~18 마노아의 기도에 응답하여 하나님의 사자가 다시 나타났다. 처음에는 마노아의 아내에게, 다음에는 마노아에게 나타나서 전에 했던 말을 되풀이했다(13~14절). 손님으로 나타난 그의 정체를 제대로 깨닫기 못하여(16절 하) 마노아는 사자에게 머물러 음식을 먹으라고 권했다. 사자는 접대를 하려면 **여호와께** 번제를 드리라고 지시했다. 사자의 이름을 묻자 사람의 이해력을 초월하는 **기묘자**라고 대답했다.

13:19~23 마노아는 염소 새끼와 소제물(참조, 레 2장)을 바위 위에 놓고 여호와께 제사를 드렸다. 그러자 불꽃이 제단으로부터 올라가고, 그와 동시에 **여호와의 사자**가 그 불꽃에 휩싸여 하늘로 올라가는 것을 보자 그와 그의 아내는 깜짝 놀랐다. 하나님의 사자의 정체를 알고 마노아는 죽을 것을 두려워했는데, 그가 **하나님을 보았기** 때문이다(기드온과 비슷한 반응. 참조, 삿 6:22~23). 마노아의 아내는 하나님이 제물을 받으시고 아들을 약속하신 것은 그들을 죽이려는 것이 아니라는 실제적인 대답을 제시했다.

13:24 하나님의 사자의 말이 성취되어 마노아의 아내는 **삼손을 낳았고** 그는 **여호와의 복** 아래 자라났다.

(2) 성령이 삼손을 움직이심

13:25 어느 날 여호와의 영이 삼손을 움직이기 시작하여 그에게 이스라엘을 구원할 능력을 주었다. 이것은 **마하네단**('단의 진지'란 뜻. 참조, 18:11~12의 이름의 기원)에서 일어났다. 마하네단은 소라(삼손의 고향. 참조, 13:2)와 에스다올(소라에서 북동쪽 2.4킬로미터에 있는 마을)의 사이에 있다. 삼손은 후에 이들 두 마을 사이에서 장사되었다(참조, 16:31; 18:2, 11).

구원자 또는 사사로서 삼손의 지도력은 블레셋에 대항하여 군대를 이끄는 형태가 아니었다. 오히려 그는 그의 백성 때문에 홀로 싸움을 계속했다. 14장에서 시작하는 그의 활동으로 블레셋은 베냐민과 유다 지파 지역의 침략을 방해받았다.

(3) 삼손의 블레셋 여인과의 결혼

14:1~4 삼손이 블레셋과 싸운 것은 딤나에 사는 **젊은 블레셋 여인을** 사랑한 데서 시작되었다. 결혼은 부모들이 결정하는 것이기에(참조, 창 21:21) 삼손은 그의 부모에게 **그녀를 아내로 삼게 해** 달라고 요청했다. 이스라엘이 아닌 사람과의 결혼은 모세 법이 명백히 금하기에(출 34:16; 신 7:3) 그의 부모는 블레셋 사람과의 결혼을 반대했다(참조, 삿 14:3). 이스라엘 주위의 다른 나라들, 애굽인이나 셈족들은 할례를 행했지만 블레셋은 하지 않았다. 삼손의 부모들은 이 사실을 지적하여 블레셋 사람을 비웃었다.

삼손의 부모는 블레셋과의 결혼을 반대했지만 결국 삼손의 결혼을 허락했다. 그러나 그들은 이것이 블레셋을 칠 기회를 얻으려는 생각에서 여호와께로부터 비롯한 것인지 알지 못하였다. 이것은 하나님이 율법을 깨뜨리기 위한 것이 아니었으며, 삼손의 결정이 하나님 자신의 목적과 영광을 위하여 하나님께 지배받고 있음을 뜻한다.

14:5~7 삼손이 그의 부모와 함께 딤나로 가서 결혼식을 올렸다. 그가 딤나의 포도원에 이르렀을 때 젊은 사자가 공격해 왔다. 여호와의 영이 강하게 임하자(참조, 14:19; 15:14) 그는 맨손으로 사자를 찢어 죽였다. 그가 이것을 그의 아버지나 어머니에게 말하지 않았다는 것은 그들이 먼저 딤나에 가 있었음을 보여 준다. 삼손이 딤나에 도착했을 때 그는 실제로 그 여인에게 말을 걸 수 있었고 그녀를 좋아하였다.

14:8~9 얼마 후 삼손은 약혼 기간이 끝나고 결혼식을 올리려 길을 가고 있었다. 다시 포도원에 이르렀을 때 그는 사자의 주검에 벌 떼와 꿀이 있음을 발견했다. 그는 꿀을 떠서 먹고 부모에게도 나눠 드렸으나 어디서 났는지는 알리지 않았다. 나실인의 법은 죽은 시체를 만지는 것을 엄격하게 금지하고 있는데 이것의 목적은 의식상 불결을 피하는 데 있었다(민 6:7). 정결한 동물의 시체를 만지는 것조차 부정한 것이 되기에 삼손이 사자의 시체에서 꿀을 떠먹은 것은 나실인의 맹세를 어긴 것이다. 그가 결혼식 축하연에 참석한 것 역시 술 마시기를 금한 그의 맹세를 어겼을 것이라 짐작하게 한다(삿 14:10). 그러나 그가 태어나기 전에 지시받은 나실인의 자격인 "그의 머리 위에 삭도를 대지 말라"(13:5)는 단 하나의 명령은 지켰다. 후에 이 특별한 규칙을 어기었을 때 하나님의 영의 능력이 그에게

서 떠나게 되었다(16:17~20).

14:10~14 7일간의 결혼식에서 삼손은 풍습에 따라 잔치를 벌이고 30명의 친구들과 함께하였다. 삼손은 그의 친구들에게 수수께끼를 내고 30벌의 베옷과 30벌의 겉옷을 내기로 걸었다. 먹는 자에게서 먹는 것이 나오고 강한 자에게서 단것이 나왔다는 삼손의 시적인 수수께끼를 풀기 위해서는 그가 사자의 시체에서 꿀을 얻은 것을 알아내야만 했다.

14:15~18 사흘이 지나도 수수께끼를 풀지 못하자 친구들은 삼손의 신부에게 답을 알아내지 못하면 그녀와 그녀의 가족을 모두 죽이겠다고 협박했다. 그들은 그녀에게 자기들의 소유를 빼앗으려 하는 삼손의 내기를 통한 계획에 그녀도 포함되어 있다고 말했다. 삼손은 수수께끼를 풀기로 되어 있는 제칠 일까지 신부의 눈물을 견뎌 냈지만, 결국 삼손은 여인의 눈물과 애원에 약해져 마침내 그녀에게 얘기했고, 그녀는 블레셋 사람들에게 수수께끼의 답을 알려 주었다. 그들이 삼손에게 수수께끼의 답을 시적인 비유로 대답하자 삼손은 그의 신부에 관해 비유적인 묘사를 써서 응답했다. 너희가 내 암송아지로 밭 갈지 아니하였더라면 내 수수께끼를 능히 풀지 못하였으리라. 삼손은 그의 신부를 '암송아지'로 부름으로 그녀의 반역을 꾸짖었다(참조, 렘 50:11; 호 4:16).

14:19~20 내기한 것을 지키기 위해(참조, 12절) 삼손은 아스글론에 있는 블레셋 사람 30명을 공격했다. 삼손은 그들의 옷을 빼앗아 수수께끼를 푼 블레셋 사람들에게 주었다. 하나님은 삼손의 어리석음에 여호와의 영(6절. 참조, 15:14)을 내리셔서 블레셋이 이스라엘을 쉽게 지배하고 현 질

서를 무너뜨리도록 하나님의 목적을 달성시켰다(참조, 14:4). 화가 난 삼손은 결혼식이 끝나는 칠 일째 밤에 그의 아내에게 돌아가지 않고 소라에 있는 그의 아버지의 집으로 가 버렸다. 신부의 아버지는 결혼이 취소된 수치를 면하기 위해 딸을 다른 사람에게 주었다(참조, 15:2).

(4) 삼손과 블레셋의 전쟁

15:1~5 삼손은 후에 그의 아내에게 줄 선물로 **염소 새끼**를 가지고 딤나로 돌아왔다. 삼손의 결혼은 신부가 그녀의 부모와 함께 있으면서 주기적으로 남편의 방문을 받는 첩의 형태였던 것 같다(참조, 8:31). 그러므로 삼손의 선물은 그가 전에 한 행동을 화해하기 위한 선물이 아니고 남편의 주기적인 방문 때마다 주어지는 선물이었다. 그렇지만 삼손은 자신의 신부가, 삼손이 자신의 딸을 미워하는 줄로 안 여자의 아버지에 의해 딴 사람에게 주어진 사실을 알았다. 처제와 결혼하라는 제안을 탐탁지 않게 여긴 삼손은 곡식에 불을 지름으로 **블레셋** 사람들에게 화를 풀었다. 그는 300마리의 여우의 꼬리를 둘씩 묶어 홰를 달았다. 아직 추수하지 않은 곡식단과 이미 추수가 끝나 건조된 곡식단이 **포도원과 감람나무들**과 더불어 무섭게 불타올랐다.

15:6~8 블레셋 사람들은 삼손이 불을 질렀다는 것을 알고 그의 아내와 장인을 죽여 앙갚음을 했다. 개인적인 복수가 또다시 동기가 되어 삼손은 수많은 블레셋 사람을 죽이고 에담 바위의 동굴로 숨었다.

15:9~14 블레셋 사람들은 삼손을 추격하여 유다의 레히('턱뼈'란 뜻)에 진을 쳤다. 유다 사람들은 블레셋이 군대를 출동시킨 이유를 알고서,

3,000명이 삼손을 찾아내어 그를 블레셋 사람에게 넘겨주었다. 현 지배 체제(status quo)에 만족하던 그들은 삼손에게 너는 블레셋 사람이 우리를 다스리는 줄을 알지 못하느냐고 말했다. 유다 사람들에게 죽이지는 않겠다는 약속을 받은 삼손은(이스라엘 사람의 피를 흘리게 하고 싶지 않음) 항복하여 블레셋 사람들에게 넘겨졌다. 그들은 그를 새 밧줄 둘로 묶었으나, 그가 환호하는 블레셋 사람들 가까이 갔을 때 그것은 불탄 삼과 같이 손에서 떨어져 나갔다. 또다시 여호와의 영이 그에게 비상한 능력을 준 것이다(참조, 14:6, 9).

15:15~17 나귀의 새 턱뼈를 부여잡고(헌 뼈라면 부서졌을 것이다) 삼손은 천 명의 블레셋 사람들을 살육했다. 이것이 일어난 장소는 라맛 레히인데 그 뜻은 '턱뼈의 산'이다.

15:18~19 그다음에 일어난 사건은 하나님이 삼손에게 물을 공급하신 일이다. 삼손은 덥고 건조한 날씨에 힘든 일을 했기에 몹시 목이 말랐다. 그가 여호와께 부르짖자 하나님은 움푹하게 패인 곳을 터뜨려 물이 나오게 하는 기적으로 응답하셨다. 삼손이 힘을 다시 회복한 이 장소는 엔학고레('부르짖는 자의 샘')라고 불렸다.

15:20 삼손이 이스라엘의 사사로 지냈다는 말은 16장 31절에서도 나온다. 20년이란 기간(BC 1069~1049년경)은 삼손이 가사에서 죽을 때까지 그의 장년기 연령에 해당한다(참조, 16:30~31).

16:1~3 삼손이 가사의 성문을 옮긴 사건은 그의 육체적 힘에 상대할 사

람이 없음을 보여 준다. 삼손이 가사에 왜 갔는지는 알 수 없다. 가사는 그의 고향 소라에서 남서쪽 56킬로미터 근처 해안에 있는 블레셋의 중요한 도시이다. 이유야 어떻든지 그는 감각적인 본능에 따라 **창녀**와 **하룻밤**을 보냈다. 삼손이 도시에 나타났다는 것을 알고 가사의 블레셋인들은 그를 새벽에 죽이려고 성문에서 밤새 기다렸다. 그렇지만 삼손은 밤중에 깨어서 성 문짝들과 두 기둥과 빗장을 뽑아 헤브론이 보이는 산꼭대기로 가지고 갔다. 이 산이 헤브론을 동쪽으로 바라다볼 수 있는 가사 외곽의 산인지, 아니면 삼손이 59킬로미터나 떨어진 헤브론 외곽의 산으로 문짝을 운반해 갔는지는 본문이 정확히 말해주지 않는다. 지방 전설은 그 산이 가사의 바로 동쪽인 엘 몬타르 산이라고 한다. 삼손은 안전을 보장하는 성문을 제거해 그들에게 이미 모욕을 주었는데 왜 그렇게 멀리까지 문짝을 운반했는지 이유를 알 수 없다.

(5) 삼손이 들릴라 손에 몰락함

16:4~14 삼손은 들릴라라는 이름의 여인과 사랑에 빠졌다(그녀는 블레셋 사람이겠지만, 그녀의 이름이 셈어로 '신봉자'를 뜻하기에 성전에서 봉사하는 창녀였을지도 모른다). 그녀는 삼손이 관계했던 최소한 세 번째 여인이다(참조, 14:1~2; 16:1). 들릴라가 살던 소렉 골짜기(삼손이 대부분의 일생을 보낸)에 있는 마을 이름이 무엇인지는 모른다.

　블레셋 **통치자**들은 삼손을 사로잡을 꾀를 궁리했다. 성경은 관련된 방백의 숫자가 얼마인지는 말하고 있지 않지만 블레셋의 주요 도시에서 각각 한 명씩이라고 한다면 다섯 명이었을 것이다. 그들은 들릴라에게 삼손의 위대한 힘의 비밀과 그를 어떻게 결박하여 굴복하게 할 수 있는지를 알아내도록 고용했다. 방백들은 엄청난 액수인 1,100개씩의 은을 각각 주겠다고 약속했다.

들릴라는 삼손의 비밀을 얻기 위해 세 번 쓸데없는 시도를 감행했다. 매번 그는 (1) 만일 그를 가죽 끈(개역한글은 '푸른 칡'으로, 개역개정은 '새 활줄'로 번역함—편집자 주) 일곱으로 결박하면, (2) 만일 그를 사용한 적이 없는 새 밧줄 일곱으로 결박하면(그러나 이 방법도 소용이 없음이 이미 증명되었다; 15:13), (3) 만일 그의 머리털 일곱 가닥을 베틀의 날실에 섞어 짠다면 다른 사람과 같이 약해져 사로잡히게 될 것이라며 방법을 가르쳐 주면서 그녀를 희롱했다. 들릴라는 삼손이 잠들었을 때(16:13) 세 방법을 시도하고는 삼손에게 블레셋 사람들이 당신에게 쳐들어 왔다고 소리쳤다(9, 12, 14절). 그녀는 블레셋 사람들을 방에 숨겨 두고 그 방법들이 성공하는지 실패하는지를 알아보려고 했다.

16:15~17 삼손이 마침내 그의 힘의 원천을 밝혔다. 그것은 블레셋 사람들이 상상하듯 마술적인 비밀이 아니라 하나님의 영으로부터 온 초자연적인 능력이었다(참조, 13:25; 14:6, 19; 15:14). 이 능력은 나실인이라는 여호와를 향한 삼손의 특별한 구별과 관련 있었고, 이것은 그의 머리 카락을 자르지 않는 것을 상징으로 하였다(13:5). 삼손의 비밀을 알려는 들릴라의 성화에 못 견뎌 삼손은 자신이 나실인임을 밝혔다. 그는 자신의 머리를 밀면 다른 사람과 같이 약해질 것이라고 말했다. 이것은 그의 힘이 머리털에 있었기 때문이 아니라, 머리털을 깎는 것이 여호와께 불순종하는 것을 표시하기 때문이다. 이 불순종은 그가 진실을 말할 하등의 이유가 없는 들릴라에게 진실을 밝힘으로 이미 시작되었다.

16:18~22 삼손의 무분별한 행동은 블레셋 사람들이 그를 감옥에 처넣

게 만들었다. 들릴라는 삼손이 진심을 말했음을 알아차리자 자기의 무릎
에 잠들어 있는 동안 그의 머리털을 깎고 또다시 함정을 팠다. 여호와께
불순종한 결과로 삼손의 힘은 그에게서 떠났다. 들릴라가 블레셋 사람이
당신에게 쳐들어온다고 소리쳤을 때 그는 묶여 있었기에 자유롭게 되려고
몸부림쳤다. 비극적인 사실은 여호와께서 이미 자기를 떠나신 줄을 깨닫지
못하였더라는 점이다. 여호와의 영이 떠남과 동시에 사사로서의 역할도
박탈되었다.

힘이 없는 삼손은 블레셋 사람에게 붙잡혀 눈이 뽑혀 가사로 끌려갔
다. 성 문짝을 도적질해 간 징벌이었을 것이다(1~3절). 그들은 그를 놋줄
로 매어 옥중에서 맷돌을 갈게 했다. 감옥에 있는 동안 시간이 흐르자 그
의 머리털(나실인의 상징. 13:5)이 다시 자라기 시작했다. 머리털이 자라는
것은 당연한 일이지만 이것은 블레셋 사람에게 마지막 복수의 행동을 위
해(참조, 16:28~30) 삼손의 힘이 다시 새로워지는 것을 예상케 한다.

(6) 블레셋 사람에 대한 삼손의 복수
16:23~30 블레셋 방백들이 그들의 신인 다곤에게 큰 제사를 드리는 때가
되었다. 다곤은 아모리 사람에게서 블레셋 사람이 배운 서부 셈족의 곡
물 신이었다(삼상 5:2~7; 대상 10:10). 그들은 그들의 신이 삼손을 그들의
손에 넘겨주었다면서 삼손을 옥에서 꺼내 재주를 부리게 했다(어떤 힘센 동
작을 보거나 이제는 힘이 없는 원수를 조롱하려고). 블레셋 신전은 전형
적으로 두 개의 주요 기둥이 지붕을 받치고 있는 기다란 방이다. 블레셋
의 군중들은(지붕 위에 있는 3,000명을 포함하여) 바깥뜰에서 삼손의 재
주를 지켜보았다.

그의 '재주'가 무엇인지는 모른다. 그 후 소경인 삼손은 그를 인도하는

소년에게 몸을 의지하겠다는 핑계로 신전을 받치고 있는 기둥으로 자신을 데리고 가게 했다. 그리하여 그는 여호와께 블레셋에 복수할 수 있는 마지막 힘을 간구했다. 삼손은 기둥을 껴안고 "블레셋 사람과 함께 죽기를 원하노라"고 말하면서 있는 힘을 다해 밀었다. 하나님은 그의 마지막 기도를 들으시어 신전은 파괴되고, 삼손은 그가 살아 있을 때 죽인 사람보다 더 많은 사람을 죽였다. 그 전에 삼손은 최소한 1,030명의 블레셋 사람들을 죽였다(아스글론에서 30명. 14:19; 라맛 레히에서 천 명. 15:14~17).

(7) 친지가 삼손을 장사 지냄

16:31 이 사건 이전에는 언급된 적이 없는 삼손의 형제를 포함한 그의 온 집안 식구가 가사로 내려와서 삼손의 시체를 되찾아 소라(그의 출생지. 13:2)와 에스다올(참조, 13:25; 18:2, 8, 11) 사이 마노아의 장지에 그를 묻었다. 그리하여 이스라엘에 대한 삼손의 20년간의 사사 역할은 끝났다(15:20). 삼손은 성령에 의해 위대한 능력과 육체적인 힘을 부여받았지만 몇 차례 유혹을 받아 고통스러운 결과를 경험했다. 그의 생애는 성적인 유혹의 길에 따라가기 쉬운 다른 사람들에게 엄중한 경고를 주고 있다.

Ⅲ. 후기: 사사 시대의 상황들(17~21장)

신학적으로 17~21장은 사사 시대의 특징인 종교적 배도와 사회적 타락을 보여 주는 에필로그에 해당한다. 사사기의 저자는 이러한 상황들을 "이스라엘에 왕이 없었을 때" 무정부 상태였음을 가리켜 주는 것으로 보았다(17:6; 18:1; 19:1; 21:25). 역사적으로 이들 17~21장에 기록된 사건들은 앞의 사건보다 더 일찍 일어났으면서도 사사기의 부록을 형성한다. 모세와(18:30) 아론의(20:28) 손자들의 출현이나 벧엘에 있는 언약궤에 대한 언급은(20:27~28) 그 연대가 초기였음을 지적한다. 17~18장의 사건은 어쩌면 첫 사사인 옷니엘 시대에 일어났는지도 모른다.

이 후기는 주요한 두 부분으로 이루어진다. (1) 17~18장은 에브라임 사람 미가가 그의 개인적인 제사장으로 모세의 손자(18:30)인 레위인 요나단을 고용한 것과 단 지파가 이주하고 우상을 숭배한 이야기들을 엮었다. (2) 19~21장은 기브아에 사는 또 다른 레위인의 첩을 폭행한 일과 완강히 반항하는 베냐민 지파를 거의 전멸에 이르게 한 계속되는 내란을 기술한다.

1. 미가의 우상 숭배(17장)

a. 미가가 신상을 만듦(17:1~5)

17:1~5 미가라 이름하는 사람(미가는 "누가 야웨와 같은가?"란 뜻)이 불법적인 제사장으로서 이교적인 신당을 세운 것은 이상한 일이다. 그는 그의 어머니가 은 1,100개를 잃어버리고 도둑에게 저주를 퍼붓는 것을 듣고는 자신이 가져갔노라고 고백했다(이 은 1,100개는 블레셋 방백이 들릴라에게 준 은 1,100개와 혼동해서는 안 된다. 16:5, 18). 정직에 대한 보상으로, 그의 어머니는 그녀의 저주를 축복으로 무마시켰다(내 아들이 여호와께 복 받기를 원하노라).

그녀가 여호와께 은을 드린다면서 신상을 만든 것은 출애굽기 20장 4절에 나오는 명령에 불순종한 것이며, 이 기간에 이스라엘 백성이 가나안의 우상 숭배의 영향을 받았음을 보여 준다. 한 신상을 새기며 한 신상을 부어 만들었다는 말은 돌이나 나무로 새겨 만든 신상과 녹인 금속을 틀에 부어 만든 우상, 두 개의 신상을 추측게 한다. 그러나 어떤 학자들은 이 표현을 중언법으로 보고, 단 하나의 우상을 가리킨다고 본다. 아마도 나무로 새긴 우상에 미가의 어머니가 준 은을 씌웠을 것이다. 그러나 사사기 18장 18절에서 이 둘이 분명히 구별된다. 미가의 어머니는 은장색에게 은 200개를 주어 우상들을 만들게 했다. 이들은 미가의 신당에 있는 우상만이 아니라 에봇도 가졌으며(예배의 대상으로. 참조, 8:24~27. 또는 제사장이 입기 위해) 드라빔도(창 31:17~50) 만들었다. 그 후 그는 그의 아들 중에 하나를 제사장으로 세워 이 신당에서 제사를 드리게 했다(훗날 미가는 또 다른 제사장을 세웠다. 삿 17:12).

b. 사사 시대의 특징들(17:6)

17:6 저자는 왕정 초기의 입장에서 미가의 종교적 불법성을 왕의 중앙 집권력이 없는 시대의 한 특징으로 설명했다(참조, 18:1; 19:1; 21:25).

c. 미가가 레위인 제사장을 획득함(1:7~13)

17:7~13 베들레헴의 레위인 소년(모세의 손자, 게르손의 아들 요나단. 참조, 18:30)이 에브라임의 산지로 와서 미가의 아비(존경의 용어. 참조, 창 45:8; 왕하 6:21; 13:14)와 제사장이 되었다. 미가는 그를 그의 아들 중 하나와 같이 돌보았다. 그리하여 미가는 레위인(참조, 삿 18:3)을 그의 제 사장으로(제사장으로 삼은 미가 자신의 아들과 더불어. 17:5) 삼았다. 미 가는 레위인을 그의 제사장으로 삼으면 여호와께서 복을 주실 것이라는 미신적인 생각으로 기뻐했다. 레위인의 경우에도, 그가 그런 자리를 받아 들인 것은 미가와 똑같이(아니 그 이상으로) 잘못한 것이다. 하나님의 율 법을 이렇게 불순종하는 것은 사사 시대 이스라엘 사람들의 전형적인 행 동이었다.

2. 단 지파가 북으로 이주함(18장)

a. 단 지파의 문제(18:1)

18:1 이 장에서도 이스라엘에 왕이 없었다는(17:6; 19:1; 21:25) 에필로 그의 후렴이 반복되고 있다. 이스라엘 군대를 소집할 중앙 권력이 없는 까닭에 단 지파가 당면한 문제는 심각했다. 단 지파는 그때까지도 기업의 땅을 분배받지 못했다. 단 자손은 아모리 사람에게 압박을 받았고(참조, 1:34~35; 수 19:47) 후에는 블레셋 사람에게서 받았다(참조, 삿 13:1; 14:4; 15:11). 단 자손은 점점 동쪽에 있는 베냐민과 에브라임의 영토로 들어가야만 했다. 그들은 살기에 너무 비좁아지자 새로운 영토를 찾기로 했다.

b. 정탐꾼을 보냄(18:2~10)

18:2~6 단 자손은 땅을 정탐하기 위해 다섯 명의 병사를 소라와 에스다올(참조, 13:25; 16:31)로부터 보냈다. 그들은 여행 초기에 에브라임 산지에 있는 미가의 집에 유숙하게 되었다(참조, 17:1). 거기서 그들은 미가의 제사장의 음성을 듣고 에브라임에서의 그의 형편과 활동을 물었다. 그들은 그가 제사장으로 활동한다고 하자 그들의 가는 길에 하나님의 복을 구했다. 혹자는 "너희가 가는 길은 여호와 앞에 있느니라"는 제사장의 확신 있는 대답이 무슨 근거에서 나왔는지 궁금해한다. 그들의 여행은 겉으로는 성공했으나, 결국 주요한 우상숭배 중심지를 설립하는 결과를 가져왔다(참조, 18:30~31; 왕상 12:28~30).

18:7 다섯 명의 정탐꾼들은 땅을 정탐하기를 계속하여 라이스에 이르렀다. 라이스(수 19:47에서는 레셈[Leshen]. 오늘날의 텔 엘-콰디[Tell 대-Qadi])는 긴네롯 바다 북쪽 40킬로미터 근처, 두로 동쪽 43킬로미터에 있다. 그 땅에는 부족한 것이 없으며 그 땅의 백성은 부를 누렸다. 그들의 성읍은 레바논 산줄기에 있는 시돈과도 멀었고 헬몬 산이 있는 시리아와도 멀어서 군사 동맹을 맺지 않았다. 하솔은 이미 파괴된 것 같으나(4:2, 23~24), 이는 모세의 손자인 레위 사람과 관련된 연대 문제를 일으킬 수 있다(참조, 18:30).

18:8~10 고향에 돌아온 다섯 명의 정탐꾼들은 평안한 백성과 부족한 것이 아무것도 없는 넓은 땅을 보고했다. 그들은 주저하지 말고 라이스를 공격하라고 단 자손을 격려했다. 그들은 그것을 하나님이 주셨다고 생각했다. 그들의 주장이 신학적으로는 의심스럽지만 그들이 예상한 승리는 불가피했다.

c. 라이스를 원정함(18:11~28상)

18:11~13 무장한 단 지파 600명은 기럇여아림(소라-에스다올 지역에서 동쪽으로 10킬로미터 근처)에 첫 진을 쳤다. 그들이 진을 친 장소 마하네 단('단의 진지')은 삼손이 훗날의 생애에 있어 처음으로 하나님의 영의 역사를 감지했던 곳이다(13:25). 그 후 단 사람들은 미가가 살고 있는 에브라임으로 갔다(참조, 17:1; 18:2).

18:14~21 다섯 정탐꾼은 그들의 동료 병사들에게 미가의 집과 신당에

대해 알려 주었다(참조, 17:5). 600명의 병사들이 밖에서 기다리는 동안 다섯 사람은 미가의 제사장에게 인사를 하고 미가의 신상과 에봇과 우상들을 훔쳐 냈다. 제사장이 그들에게 도전하자 그들은 조용히 하라고 말하면서 그에게 한 가문의 제사장이 되기보다는 한 지파의 제사장이 되기를 요청했다. 그는 그 제안을 기쁘게 받아들여 미가의 에봇, 드라빔과 새긴 우상을 가지고 그들을 따라갔다. 단 자손은 미가가 자신들을 따라올 것을 예상하고 제사장의 가족과 재산들을 앞에 보내고 후미를 지켰다.

18:22~26 미가는 곧 그의 재산 손실을 발견하고 친구와 이웃을 데리고 단 지파를 추격했다. 미가는 그들이 신상과 제사장을 빼앗은 것을 비난했다. 그러나 그들이 폭력을 쓰겠다고 위협하자 미가는 마지못해 되돌아 집으로 갔다. 그의 우상에 관한 애절한 질문(내게 남은 것이 무엇이냐)은 우상 숭배의 허무함을 생각하게 한다.

18:27~28상 라이스의 한가하고 걱정 없이 사는 백성은 단 자손의 적수가 되지 못했다. 단 자손은 그들을 패배시키고 그들의 성읍을 불살랐다. 라이스의 백성은 시돈에서 211킬로미터 떨어져 있어 그들을 구출하러 올 동맹군은 없었다.

d. 단에 우상을 세움(18:28하~31)

18:28하~31 단 지파는 도시를 다시 세우고 그들의 선조를 따라 그곳을 단이라고 이름 붙였다. 보다 중요한(그리고 슬픈) 것은 그들이 게르솜의 아들 요나단(참조, 출 2:22)을 제사장으로 하여 그들의 후손이 포로로 잡혀

가기 전까지 우상 숭배의 중심지로 삼았다는 점이다. 많은 학자들은 이 포로 시기를 BC 722년 앗수르가 이스라엘을 포로로 잡은 일이나(왕하 17:6), BC 733~732년 디글랏 빌레셀 3세 때 갈릴리 주민들이 포로가 된 사건으로 본다(왕하 15:29). 그렇지만 사사기의 저자가 왕정 초기에 살았다고 할 때 여기에서 말한 포로는 전혀 알려져 있지 않은 초창기의 포로일 것이라고 추측게 한다(어떤 이들은 블레셋이 법궤를 탈취한 것으로 본다. 참조, 삼하 4:11).

히브리 본문은 모세와 관련하여 그 이름(모쉐[מֹשֶׁה])에 눈(נ)을 삽입하여 '므낫세'(므나쉐[מְנַשֶּׁה])로 읽게 만들었다. 이것은 분명히 모세의 손자 요나단이 우상 숭배와 관련된 것에서 어떤 경건한 서기관이 구출하려는 시도였다. 실로에 있는 하나님의 집에 대한 언급은 단 지파의 신당이 실로에서 여호와께 드리는 참된 예배와 대립되었음을 암시한다(참조, 수 18:1). 단에 있는 이 거짓 예배는 훗날 여로보암 1세가 단에 북왕국의 신당을 세우는 일에 있어서 선두 주자가 되었다(참조, 왕상 12:28~31).

B. 도덕적 타락: 기브아의 만행과 베냐민 지파와의 전쟁(19~21장)

1. 레위인의 첩을 능욕함(19장)

a. 레위인과 그의 첩의 화해(19:1~9)

19:1상 19장은 그때에 이스라엘에 왕이 없었다는 표제로 시작한다(참조,

17:6; 18:1; 21:25). 이것은 이스라엘에 왕이라는 중앙집권적인 권위가 없을 때 무정부 상태와 불의가 편만했음을 보여 준다. 17~18장은 우상 숭배가 민족적 특징이었음을 보여 준다.

19:1하~9 이 장에서 언급된 레위인은 비록 둘 다 유다의 베들레헴과 관련이 있고 에브라임의 산지에 살고 있었지만 미가의 레위인은(17~18장) 아니다. 이 레위인의 첩은(둘째 아내로 불법적인 풍습이다. 참조, 8:31) 남편에게 부정을 행하고(문자적으로 '행음하고') 그 후에 베들레헴에 있는 그녀의 아버지의 집으로 돌아갔다. 넉 달 후에 레위인은 베들레헴에 가서 그의 첩에게 화해를 청했다. 그의 장인은 근동에서 전형적인 형태의 대접으로 그를 환대하였고, 그는 나흘을 대접받다가 닷새째에 더 이상 머무를 수 없어 떠나기로 결심했다.

b. 기브아에 도착함(19:10~15)

19:10~15 레위인은 그의 종과 나귀 둘과 그의 첩을 데리고 여부스(예루살렘의 다른 이름으로 역대상 11장 4~5절과 여기서만 나오며, 아모리 족속 중 여부스족이 살아서 붙여진 이름이다)를 지나 북쪽으로 10킬로미터를 여행했다. 그는 여부스에서 유숙하자는 하인의 요청을 그곳이 이스라엘 자손에게 속하지 아니한 이방 사람의 성읍이라는 이유로 거절하였다. 레위인은 보다 더 친근한 지역으로 가기로 결정했다(뒤따른 사건으로 볼 때 그것은 매우 불행한 결정이었다). 그래서 그들은 서둘러 북쪽으로 6킬로미터를 더 가서 기브아(지금은 텔 엘-풀[Tel el-Ful])에서 하루 저녁을 지내기 위해 멈추었다. 그러나 그들이 성읍 거리에 앉아 있어도 영접하는

베냐민 사람이 없었다.

c. 에브라임 출신 노인의 영접(19:16~21)

19:16~21 마지막 순간 그들은 에브라임 출신의 한 노인의 등장으로 위험한 밤을 길거리에서 보내지 않아도 되었다. 노인은 기브아에 있는 그의 집에서 밤을 보내라고 청했다.

d. 기브아의 악당들에 의한 모욕(19:22~26)

19:22~26 롯 시대의 소돔 사람들(참조, 창 19:1~11)을 생각나게 하는 기브아의 불량배들(문자적으로는 '벨리알의 아들들'. 삼상 1:16; 2:12)은 노인의 집을 둘러싸고 동성연애를 즐기도록 레위인을 내보내라고 요구했다. 여성에 대한 기사도보다 손님 접대를 더 중요하게 생각해서인지 노인은 그의 처녀 딸과 레위인의 첩을 주겠다고 했다. 그들이 이 제안을 듣지 않자 레위인은 자기 첩을 붙잡아 그들에게 내어 주었고, 그들은 그녀를 밤새도록 능욕했다. 새벽에 그녀는 풀려나 그 집으로 돌아와 문에 쓰러져 죽었다.

e. 레위인이 복수를 요청함(19:27~30)

19:27~30 레위인이 길을 떠나고자 문을 열었을 때 그녀의 시체를 발견하고는 나귀에 싣고 집으로 출발했다. 다음에 레위인은 믿을 수 없으리만큼 잔인한 행동을 했다. 첩의 시체를 마디마디 쪼개 12조각으로 만들어

이스라엘의 모든 지역으로 보냈다(참조, 삼상 11:7; 왕상 11:30). 이것은 현대 독자들이(삿 19:30; 호 9:9) 이해하기 어렵지만 그는 민족적인 심판을 요청하여 민족이 행동에 나서기를 기대한 것이다. 아마 그는 그들에게 첩의 죽음과 같이 피 흘리는 범죄를 제거할 책임이 있다고 한 것이다. 시체 조각을 본 사람들은 무엇을 해야 할지 간담이 서늘해져 당황했을 것이다.

2. 베냐민 지파와의 전쟁(20장)

레위인 첩의 죽음을 조사한 결과(참조, 19장) 베냐민 전쟁이 일어났다. 이것은 이스라엘 역사상 가장 어두운 시절을 기록한 것이다.

a. 미스바에 모인 이스라엘 총회(20:1~11)

20:1~7 레위인의 부름에 응답하여 단에서부터 브엘세바까지(이스라엘의 북쪽 국경에서 남쪽 경계까지. 이것은 왕정 초기에 살았던 저자의 전형적인 표현 방법이다), 그리고 길르앗 땅에서부터(여기서는 요단 동편에 사는 모든 지파를 가리킴) 모든 이스라엘 백성이 모였다. 그들은 미스바에서(텔 엔-나스바[Tell en-Nasba]: 예루살렘 북쪽 13킬로미터로 기브아에서는 북쪽으로 6킬로미터에 위치. 길르앗에 있는 미스바가 아니다. 참조, 10:17; 11:29) 여호와 앞에 모였다. 40만 명의 군사에 대한 언급은 어떤 학자들이 추측하는 것처럼 400의 파견대나 400의 가족 단위로 생각할 필요는 없다.

베냐민 지파는 미스바에 공식적으로 대표를 보내지 않았다. 그것은 첩을 강간한 사람이 베냐민에 속한 기브아 사람이기 때문이다. 그러나 분명히 베냐민 지파도 첩의 시체 12조각 중 하나를 받았다(참조, 19:29; 20:6). 질문에 대해 레위인은 그의 첩이 강간당하고 죽은 상황을 설명하고 이스라엘의 판결을 요청했다.

20:8~11 판정은 만장일치였다. 모든 백성이 한 사람처럼 일어나 기브아를 공격하기로 했다. 전투를 위해 이스라엘 군대의 1/10이 선출되었다.

b. 베냐민 족속이 판정에 불복함(20:12~13)

20:12~13 베냐민 자손은 기브아의 불량배들을 넘겨 처형함으로 이스라엘로부터 악을 제거하게 하라는 다른 지파들의 요구를 거절했다. 그리하여 이스라엘은 기브아를 공격하기 시작했다.

c. 전쟁을 위해 군대를 소집함(20:14~18)

20:14~16 이스라엘 백성의 요구를 거절한(참조, 13절) 베냐민 자손은 2만 6,000명의 칼 쓰는 자와 물맷돌 던지는 데 능숙한 기브아 출신의 왼손잡이 700명을 동원하였다.

20:17~18 앞에서 말했듯이(2절) 11지파는 40만 명이란 보다 많은 군대를 소집했기에 유리한 입장이었다. 그들은 벧엘('하나님의 집'이란 뜻)에 올라가서 베냐민 자손과 싸우는 일에 어느 지파가 앞장설 것인지에 관해 여호와께 물었다(아마 대제사장의 우림이나 둠밈으로. 참조, 레 8:8;

민 27:21; 신 33:8). 여호와께서는 유다가 먼저 갈지니라고 대답하셨다. 장막이 이 사건 전과(참조, 수 18:1) 후에(참조, 삼상 1:9) 실로에 위치했기 때문에, 어떤 학자들은 여기에 나오는 '벧엘'이 도시 이름이 아니고 실로에 있는 '하나님의 집'이라고 한다(참조, 삿 18:31, "실로에 있는 하나님의 집").

d. 이스라엘에 대한 베냐민의 승리(20:19~28)

20:19~23 기브아의 위치는 방어하기에 유리했다. 기브아에서 나온 베냐민 자손은 이스라엘 진지를 공격하여 2만 2,000명의 이스라엘 사람을 죽였다. 이스라엘은 서로 격려하여 다음 전투를 위해 똑같은 지점에 진을 다시 쳤다. 그들의 패배로 인해 그들은 벧엘로 올라가서 울며 그들이 베냐민과 전쟁을 계속할 것인지 여호와께 물었다. 여호와의 대답은 올라가서 치라는 것이었다.

20:24~28 전날의 전략과 사건이 두 번째 날에도 반복되었다. 그러나 이번에는 이스라엘 자손 중 만 8,000명을 잃었다. 이 두 번째 패배로 이스라엘 백성은 벧엘로 돌아가서 여호와 앞에 울며 금식하였고 여호와께 번제와 화목제를 드렸다(참조, 21:4). 아마 여호와께서 패배하게 하신 것은 희생제사를 소홀히 했기 때문이라고 생각하고 그것을 회개하는 뜻에서 그렇게 했을 것이다. 전쟁을 계속해야 하는지 물었을 때 이번에는 승리의 약속을 받았다(내일은 내가 그를 네 손에 넘겨주리라). 엘르아살의 아들(즉 아론의 손자) 비느하스에 대한 언급은 그가 여호와로부터 신탁을 얻는 데 사용되었음을 뜻한다. 또한 이 사건이 여호수아의 죽음으로부터 시간이

그리 많이 지나지 않아서 일어났음을 가리킨다.

e. 베냐민의 패배(20:29~46)

전쟁의 대략적인 보도(29~36절 상) 다음에 상세하고 보충적인 보도 (36절 하~46절)가 뒤따른다.

20:29~36상 하나님이 승리를 약속하신 것은(28절) 이스라엘을 자만하게 만들지 않았다. 그들은 **기브아 주위에 매복함**으로 그들의 전략을 다시 짜고 발전시켰다. 이것은 다음과 같이 이루어졌다. 이스라엘은 전과 같은 지점에 진을 친 후 베냐민이 공격하자 도망을 쳤다. 베냐민 사람들을 성읍에서 끌어내기 위해서였다. 여호수아는 아이 성에서 싸울 때 비슷한 매복 작전을 사용했다(수 8:1~29). 그 후 이스라엘의 정예 부대 만 명이 기브아를 공격하자 여호와께서는 그들에게 승리를 주셨다. 베냐민은 2만 6,700명의 전체 군대와(삿 20:15) 맞먹는 2만 5,100명의 군사를 잃었다.

20:36하~46 이 구절들은 앞의 보도를 상세하게 보충한다. 베냐민이 성에서 나오자 매복하고 기다리던 이스라엘 백성은 **기브아로 돌진**하여 성을 불사르고 주민을 죽였다. 도시 전체에서 연기가 하늘로 치솟자 이것을 신호로 도망치던 이스라엘은 다시 베냐민을 공격했고 **공포에 질린 베냐민 자손은 광야로 도망**쳤다. 600여 명의 베냐민 사람들이 마침내 림몬 바위(참조, 45, 47절)로 피신하기 전에 대략 2만 5,000명의 베냐민의 칼 쓰는 자들이(35절에는 정확히 2만 5,100명) 목숨을 잃고 말았다. 전쟁이 진행됨에 따라 만 8,000명(44절), 5,000명, 그리고 2,000명이 죽었다.

f. 베냐민이 패배한 여파(20:47~48)

20:47~48 600명의 베냐민 전사들은 림몬 바위의 요새(벧엘 동쪽 6킬로미터에 있는 현대의 람문[Rammun])로 가서 넉 달을 머물렀다(이스라엘로부터 평화를 얻기까지. 참조, 21:13~14). 그들은 베냐민 전체 지파 중 유일하게 생존한 사람들이다. 이스라엘이 베냐민의 모든 성읍을 불태우고 파괴시켰기 때문이다. 이 파괴에는 동물과 모든 것이 포함되어 있는 까닭에 베냐민 성읍은 거룩한 전쟁(헤렘—편집자 주)의 경우에 해당한다(참조, 1:17의 주해).

3. 베냐민 지파의 보존(21:1~24)

a. 이스라엘의 완전을 위한 민족적 관심(21:1~7)

21:1~7 기브아의 잔학한 짓은(19:25~26) 처벌되었고 베냐민 자손들이 죽음으로 끔찍한 범죄가 이스라엘로부터 제거되었다(20:35). 그러나 전쟁과 파괴와 더불어 이스라엘은 또 다른 고통스러운 문제를 깨닫게 되었다. 즉 12지파 중 하나가 거의 전멸하고 단지 600명의 남자만 살아남아 있기에 베냐민 지파가 사라질 위험에 있었다. 문제는 이스라엘이 미스바에서 베냐민 사람에게 딸을 주지 않기로 맹세했기에 복잡해졌다(참조, 21:7, 18). 물론 남아 있는 600명의 베냐민 사람들이 이스라엘인이 아닌 사람들과 결혼하는 것은 모세 법에 어긋난다(출 34:16; 신 7:3). 이스라엘이 직면한 두 번째 문제는 미스바에 모이지 않았던 이스라엘 사람을 죽이기로 한 또 다른 맹세를 실천하는 일이었다.

베냐민 전멸이란 주요 문제를 놓고 이스라엘은 벧엘에서 저녁까지 하나님 앞에 앉아서 큰 소리로 울었다. 그들의 통곡 내용은 어찌하여 오늘 이스라엘 중에 한 지파가 없어지게 되었는가 하는 것이었다. 그들은 다시금 희생 제사에 참가하여 번제와 화목제를 드렸다(참조, 삿 20:26).

b. 야베스 길르앗을 침(21:8~12)

21:8~12 두 번째 문제를 조사하는 가운데 이스라엘은 야베스 길르앗(요단 강 동쪽 3킬로미터에 있으며 벳산 남동쪽 14킬로미터에 위치)에서는 한 사람도 오지 않았음을 발견했다. 그래서 그들은 만 2,000명의 군사를 데리고 야베스 길르앗의 사람들을 전멸시킴으로 그들의 맹세를 지켰다. 단지 그들은 베냐민의 전멸이라는 주요 문제를 해결하기 위해 400명의 처녀를 남겨 두었을 뿐이다.

c. 이스라엘과 베냐민의 화해(21:13~18)

21:13~18 이스라엘 총회는 다음으로 600명의 베냐민 생존자들에게 평화를 제의했다. 그들은 평화 제의를 받아들이고 야베스 길르앗의 400명의 처녀도 받아들였다. 그렇지만 이스라엘의 슬픔은 계속되었는데, 200명의 베냐민 사람들에게 아직도 아내가 없기 때문이었다.

d. 실로에서 여자를 얻음(21:19~24)

21:19 이스라엘은 그들의 맹세에서 빠져나갈 계획을 생각해 내고 베냐

민에게 제안했다. 맹세는 이스라엘이 그들의 딸들을 베냐민에게 '줄 수 없다'는 것이지 '빼앗기는 것'에 대해서는 아무 말이 없었다. 때마침 실로 (미스바 북동쪽으로 21킬로미터) 근처의 소녀들이 곧 지방 추수축제에 참석하여 춤을 추게 될 것이다. 르보나(오늘날의 엘-루반[El-Lubban])는 실로 북쪽 5킬로미터이다.

21:20~24 베냐민 사람 200명은 축제가 열리기 전 포도원에 숨어 있다가 각자 포도원에서 나와서 실로의 딸 중에서 각각 하나를 붙들어 자기의 아내로 삼아 베냐민 땅으로 돌아갔다. 이스라엘은 그때 실로 사람에게 그들이 무죄하다고(미스바의 맹세를 깨뜨리지 않았다고) 설명하였다. 그들은 베냐민에게 딸을 준 것이 아니기 때문이다. 그래서 베냐민의 전멸은 모면하고 베냐민 사람들은 성을 다시 지어 거주했으며 이스라엘은 집으로 돌아갔다. 비록 맹세를 우회하는 음모를 꾸미는 죄를 범했지만 베냐민 지파는 전멸을 모면하게 되었다.

4. 사사 시대의 특징(21:25)

21:25 사사기는 왕정 이전에 있었던 도덕적, 사회적 무정부 상태를 다시 지적하면서 끝을 맺는다. 앞서 세 번 언급되었듯이 이스라엘에 왕이 없었다고 밝힌다(참조, 17:6; 18:1; 19:1). 모든 사람이 각기 자기의 소견에 옳은 대로 행했다는 사실은 이 당시 비참한 영적 상태를 설명한다. 이스라엘이 많은 외적의 압제를 받았지만 회개하고 돌아올 때 하나님의 은혜가 계속되었다. 사사기는 하나님의 공의와 그의 은혜를 동시에 보여 준다. 즉 죄에 대해 심판하는 공의와 죄를 용서하는 은혜를 보여 준다.

참고문헌

- Armerding, Carl Edwin. *Judges*. In the New Layman's Bible Commentary. Grand Rapids: Zondervan Publishing House, 1979.

- Boling, Robert G. *Judges: Introduction, Translation, and Commentary*. The Anchor Bible. Garden City, N.Y: Doubleday & Co., 1975.

- Bruce, F. F. *Judges*. In the New Bible Commentary. 3rd ed. Grand Rapids: Zondervan Publishing House, 1970.

- Cundall, Arthur E. & Leon Morris. *Judges, Ruth*. The Tyndale Old Testament Commentaries. Chicago: Inter-Varsity Press, 1968.

- Davis, John., and John C. A. Whitcomb. *History of Israel: From Conquest to Exile*. Grand Rapids: Baker Book House, 1980.

- Enns, Paul P. *Judges*. Bible Study Commentary. Grand Rapids: Zondervan Publishing House, 1982.

- Garstang, John. *Joshua-Judges*. Grand Rapids: Kregel Publications, 1978.

- Gray, John. *Joshua, Judges, and Ruth*. Greenwood, S.C: Attic Press, 1967.
- Inrig, Gary. *Hearts of Iron, Feet of Clay*. Chicago: Moody Press, 1979.
- Keil, C. F. & F. Delitzsch. *In Commentary on the Old Testament in Ten Volumes*. vol. 2. Reprint(25 vols. in 10). Grand Rapids: Wm. B. Eerdmans Publishing Co., 1982.
- Soggin, J, Alberto. *Judges: A Commentary*. Old Testament Library. Philadelphia: Westminster Press, 1982.
- Wood, Leon. *Distressing Days of the Judges*. Grand Rapids: Zondervan Publishing House, 1975.